Солнечная

Корней Чуковский

СОДЕРЖАНИЕ

Солнечная

Часть первая. У теплого моря

Часть вторая. Ликвидировать прорыв

Часть третья. Новые бури и радости

Пантелеев

ЧАСТЬ ПЕРВАЯ

У ТЕПЛОГО МОРЯ

1

Страшное место

Доктор был круглый, как шар. Звали его Барабан Барабаныч. Он вкатился в комнату и сказал таким веселым голосом, будто предлагал поиграть в какую-то забавную игру:

— Ну, Чучело-Чумичело, покажи-ка свое копыто.

У Сережи болела нога, и Барабан Барабаныч называл ее почему-то копытом.

Он долго вглядывался в Серёжину ногу, мерил ее какими-то циркулями и бормотал: «превосходно, отлично», а из-за двери в это время кричали:

— Хвост! Хвост! Зацепился за дерево!

— Зоя Львовна! Поймайте мой хвост!

— Буба, Буба, не держи, отпусти!

— Зоя Львовна, это мой, а он оторвал и держит!

Крики пугали Сережу. У Сережи был сильный жар.

Ему казалось, что там, за стеной, прыгают какие-то хвостатые и отрывают друг другу хвосты.

Он хотел заплакать, но раздумал и неслышно сказал:

— Я боюсь.

Доктор пощекотал ему пальцем живот и выкатился в открытую дверь.

А из-за двери кричали:

— Улетела Франция! Ловите, ловите!

— Буба, отдай пятилетку!

— Зоя Львовна, поднимите Америку!

Сережа ничего не понимал. Что за Буба? Какая Америка? О чем они кричат, эти хвостатые?

Сережа приехал сюда из Москвы. Путешествие замучило его. Теперь он отдыхал после долгой и трудной дороги. Его вымыли в ванной, остригли ему вихры, перевязали больное колено и положили в изолятор, в отдельную комнату. В изоляторе было чисто и пусто. Говорили здесь шепотом, ходили на цыпочках. Целыми стаями влетали сюда воробьи, удивительно смелые, и в погоне за хлебными крошками прыгали к Сереже на кровать.

— Ой, они такие нахалы! — говорила о них Зоя Львовна и хлопала в ладоши, чтобы они улетели.

Зоя Львовна была седая и быстрая. Она часто приходила к Сереже, давала ему молока и всё рассказывала про ужасного Бубу, который, чуть только приехал сюда, объелся зубным порошком.

— Ему дали зубы почистить, а он… целую коробку… да, да… Ой, это такой хулиган!..

Зои Львовны Сережа не боялся нисколько. Он боялся тех, что там за дверью: драчуны, обезьяны горластые.

2

Ветер

Но вот как-то раз рано утром пришел длинноусый силач, подмигнул Сереже одним глазом:

— Ну, хлопчик, айда!

И понес его в страшную дверь.

Сережа похолодел от испуга, но дверь открылась, и он увидел не клетку, не хвостатых зверенышей, а очень веселых детей, которые хоть лежали в кроватях, но неслись куда-то на всех парусах. Кровати, конечно, стояли не двигаясь, но такой был веселый и солнечный ветер на этой площадке, такая тут была пестрота и возня, что Сереже в первую минуту и вправду почудилось, будто кровати, как лодки, мчатся одна за другой, перегоняя друг дружку.

Ого-го, какой сильный ветер! У Сережи закружилась голова. Он видел, как мимо него — по земле и по воздуху — бежали, летели, неслись сломя голову какие-то тряпочки, щепочки, пёрышки, ленточки, нитки, бумажки, и вся лежащая в кроватях детвора то и дело кричала им вслед:

— Ловите! Держите! Поднимите! Поймайте!

Взрослые в синих и белых халатах поминутно поднимали с земли какой-нибудь убегавший предмет и водворяли его на прежнее место, но тот убегал опять, и опять начиналась погоня.

А над кроватями, над головами ребят, как сумасшедшие, мотались под ветром какие-то крохотные бумажные змеи, — или нет, не змеи, а просто бумажки на ниточках, целые десятки бумажек. Они то взлетали, то падали и зацепляли пробегающих людей.

Сережу хотели укрыть простыней, но простыня заполоскалась, задергалась и стала буйно вырываться из рук.

С нею в конце концов справились, но потом пустились ловить убегавшую «Пионерскую правду», потом белую полотняную шляпу, а потом с соседней кровати улетела тетрадка с картинками, и ветер перелистал ее всю, от первой до последней страницы, и одним духом унес к тому дереву, которое стояло у края площадки.

Дерево было чудное: все увешано лоскутками и ленточками — красными, зелеными, синими, которые, как живые, шевелились и дергались, рвались улететь в вышину.

— Это наше хвостатое дерево, — сказал Сереже огненно-рыжий мальчишка, лежавший в соседней кровати. — Мы пускаем монахов, а они зацепляются.

— Хвостатое дерево? Монахов? Зацепляются?

Сережа ничего не понимал. В голове у него был кавардак. Он закрыл глаза, и ему опять показалось, что он в своей кровати, как в лодке, быстро-быстро несется вперед, вместе со всеми бумажками, тряпочками, карандашами, тетрадками, — прямо к хвостатому дереву…

3

Мастирщики

И вдруг кто-то плаксиво закричал:

— Костя! Отпусти мою мастирку!

Серёжа испугался. Мастирка? Должно быть, это птица какая-нибудь или зверёк, вроде белки. Зачем он мучает мастирку? Ей больно.

Но курносая девочка, бойко прыгавшая на одном костыльке, объяснила ему, что мастирка — это просто-напросто длинная нитка, к концу которой привязан какой-нибудь груз, ну, ключик, ну, карандаш, ну, копейка.

— Вот погляди на Илька. Он у нас первый мастирщик.

Серёжа увидел невдалеке от себя худого чумазого мальчика, у которого в руках была нитка, а на конце нитки — костяное кольцо.

Как раз в это время по площадке катился подхваченный ветром мяч. Черномазый прицелился, бросил кольцо, дернул за нитку — раз! — и вот уже мяч у него на кровати. Браво, браво! Совсем как в цирке.

Серёжа посмотрел на Илька с восхищением. Илько подмигнул ему и стал щеголять перед ним своей ловкостью: кинул колечко в далекую клумбу, вырвал оттуда какой-то мохнатый цветок и через минуту уже нюхал его, громко причмокивая.

«Этому и ноги не нужны, — подумал Серёжа. — Он своей ниткой достанет себе всё, что понадобится».

Илько не отрывая цветка от мастирки, швырнул его прямо к Серёже:

— Эй, новенький! Вот тебе роза.

Серёжа обрадовался. Спасибо! Спасибо! Но роза дернулась, взвилась и снова улетела к Ильку.

Серёжа почему-то сконфузился.

— Погоди! — сказал Серёже его рыжий сосед и выхватил у

себя из-под матраца другую мастирку, на конце которой была молодая картошка.

Раз! Картошка взвилась над Сережей, налетела на мастирку Илька и сейчас же воротилась к рыжему вместе с добычей.

— Вот, получай! — сказал рыжий и бросил цветок на Сережину койку. — А я, гляди, пущу мой лебедь поплавать.

Лебедь у него была игрушечная. Он приладил ее к своей нитке и закинул прямо в бочку с водой, стоявшую у хвостатого дерева.

Бочка была налита доверху, и Сережа видел, как лебедь заёрзала по водной поверхности то взад, то вперед, и это было очень забавно, и рыжий мурлыкал от счастья; вдруг, словно коршун, налетела на его белую птицу мастирка черномазого Илька, обмоталась вокруг ее шеи и стала так сильно тянуть ее вбок, что чуть не оторвала ей голову.

Рыжий вскрикнул и отчаянно дернул мастирку к себе. Но лебедь не сдвинулась с места.

Обе мастирки сцепились, и каждая тянула в свою сторону.

Сереже страшно хотелось, чтобы нитка у черномазого лопнула, но нитка у него была крепкая, и он самым бессовестным образом тянул несчастную лебедь к себе.

Вдруг откуда-то справа выскочила мастирка с кипарисной шишкой на конце, налетела на мастирку черномазого и обмоталась вокруг ее нитки. А за ней — четвертая, пятая…

Скоро над бочкой сплелась целая паутина мастирок. Закипел отчаянный бой. Лица у мальчиков сделались красные, и странно было видеть, что вся эта драка происходит в стороне от драчунов, а драчуны лежат неподвижно в кроватях.

— Еще хорошо, что нет Бубы, — сказала тихая девочка, сидевшая рядом. — Этот Буба — такое страшидло.

— Уж он устроил бы им завируху!

— Уж дал бы им Буба феферу! — подхватила курносая, прыгавшая на одном костыльке. — Прямо счастье, что его унесли в изолятор.

— В изолятор? — спросил Сережа.

— А то куда же!

И, брызгая слюнями и взвизгивая, девочки хором

рассказали Сереже, что этот ужасный Буба сделал сегодня ужасную вещь: ему поставили градусник, а он хвать его об землю и — вдребезги. А когда подбежала к нему няня Аглая и крикнула: «Что ты наделал?», он плеснул в нее из кружки кипятком и чуть не ошпарил шею.

— Хорошо, что не глаза… Ты подумай, ведь Аглая могла о-слеп-нуть.

Девочки ужасались и ахали. Сережа ужасался вместе с ними. Но тут зазвонил звонок, задребезжала посуда, запахло творогом и свежим хлебом: санитары принесли обед.

4

Цыбуля и другие

Курносую девочку звали Нина ходячая, а ту, тихую, что сидела на соседней кровати, звали по-разному: то Леля, то Ляля.

Ляля шила что-то непонятное. Должно быть, ей очень нравилось слово «кошмар», потому что всякий раз приговаривала:

— Какой у меня кошмарный наперсток!

— Это просто кошмар, а не ножницы!

Целая груда тряпочек лежала у нее на постели, и когда ей нужна была новая тряпочка, она доставала ее пальцами правой ноги. Вот и катушку ниток тоже достала ногой.

Сережа с удивлением заметил, что здесь многие лежачие и даже сидячие действуют ногами, как руками. Вы даете им письмо или ложку, а они хватают эти вещи ногою.

А вон тот, что у бочки, — горбатый. И этот тоже. И этот. И этот. У одних горбинки маленькие, еле заметные, величиною с пятак, а вон у того, что с краю, как будто круглый хлебец лежит на спине, темный хлебец из ржаной муки, потому что горб у него почернел от загара. А у рыжего и горб какой-то рыжий, — красная кожица на нем облупилась от солнца.

А вон те прикручены к кроватям какими-то широкими тесемками — нет, фитилями от ламп! — и ноги у них в гипсовых коробках.

А у этого привязан к ноге какой-то тяжелый мешочек; мешочек свешивается на шнурках через спинку кровати и тянет, тянет ногу за собой.

А у этого в гипсе и нога и все туловище.

А вот тут что такое? Никак не понять.

Лежит на кровати большая доска, а из-под доски раздается пыхтение и даже как будто хрюканье. Кто-то копошится под доской, доска чуть-чуть колышется, словно дышит.

Сережа долго глядел на нее. Вот она приподнялась, и из-под нее на минуту высунулся губастый, глазастый, щекастый, лобастый толстяк, схватил со столика бутылочку с тушью и снова нырнул в глубину.

— Это наш художник, — сказали Сереже.

Художник? Неужели художник? Но как он может рисовать в такой позе? Его картина придавила грудь и живот, закрыла его до самого лба, а он неподвижно лежит на спине, привязанный к кровати тесемками, и видит не всю картину, а только самую малую часть.

— Ну-ка, Цыбуля, покажь! — сказал его рыжий сосед.

Цыбуля поднял доску. Доска была фанерная, легкая, к доске был приделан картон, а на картоне нарисована картина: пузатые автомобили что есть духу несутся в высокие горы, в них сидят пузатые мужчины и везут с собой пузатые мешки, из которых сыплется золото. Пузатые мужчины хохочут, и никто из них не видит, что перед ними обрыв, куда все автомобили сейчас полетят кувырком.

Автомобили были нарисованы отлично, а люди кое-как, без особых стараний. Видно было, что машины художнику милее людей: каждый рычаг, каждый тормоз он вычерчивал любовно и тщательно, а человечки вышли у него все как один, и даже усы у них у всех одинаковые.

— А кто он такие, эти люди?

— Неужели не понимаешь? Бур-жуи! — важно ответил Цыбуля, обиженно выпячивая толстую губу и удивляясь Сережиной глупости. — Ведь у них же кррризис, и им скоро каюк.

Слово «кризис» он произнес очень вкусно.

Трудно было поверить, что эту лихую картину рисовал параличный мальчик, лежавший в постели пластом.

— Счастливый! — сказала Леля. — Ты можешь нарисовать и цветочки, и бабочек, и кипарисы… и море…

— Ну вот еще! Цветочки!.. Кипарисы!.. — обиженно фыркнул Цыбуля. — Я рисую самолеты и комбайны.

В самом деле рисунки Цыбули — а их у него были сотни — так и кишели гидропланами, миноносцами, трактограм.

Цыбуля был влюблен во все техническое. Особенно были ему по душе катерпиллеры, то есть тракторы-гусеницы; он рисовал их во множестве, хотя, конечно, ни одного из них и в глаза никогда не видел.

— А посмотрел быт ты, как он рисует паровозы! — сказал рыжий с похвальбою и нежностью.

Видно было, что он гордится Цыбулей. Всякий раз, когда хвалили какой-нибудь Цыбулин рисунок, он загорался от радости всеми своими веснушками.

Лишь на одной единственной картинке Цыбуля обошелся без машин. На ней было нарисовано лохматое чудовище с красными глазами и разинутой пастью — получеловек, полузверь. В руках у чудища была большая дубина, и вверху написано крупными буквами:

БЕРЕГИТЕСЬ ПАРАЗИТА
ХУЛИГАНА И БАНДИТА!

— Кто это такой? — спросил Сережа.

— Неужели не видишь? — обиженно фыркнул Цыбуля и еще сильнее надул свои мясистые щеки.

Рыжий пояснил:

— Это Буба.

— Буба! Буба! — подхватили все.

— Почему же он с дубиной? — удивился Сережа.

Но Цыбуля вновь нырнул под доску, и оттуда сейчас же послышалось хрюканье.

— Тише! — сказал рыжий. — Рисует!

И поднял палец, чтобы все замолчали.

Рыжий сразу полюбился Сереже. Рыжего звали Зюка. Глаза у рыжего были зеленые, уши растопырены в разные стороны, а пальцы густо измазаны клейстером.

Рыжий делал бумажного змея.

— Это к Первомаю! — сказал он. — Вот только хвоста не хватает. Хвост ему нужен большой, потому что на небе ветрина здоровая, а жады-девчонки не дают лоскутков.

— И не дадим! — сказала с удовольствием Нина ходячая. — Ни за что, ни за что не дадим! Сказали: не дадим — не дадим.

— Не дадите? — выкрикнул Зюка запальчиво, и даже шея у него покраснела. — А мы вам не дадим монахов.

— Очень нам нужны монахи!

Тут только Сережа догадался, что монахами называются бумажки на ниточках, которые летают над кроватями Солнечной.

«А они неплохие ребята… — думал он, укладываясь спать. — Надо будет завтра и мне запустить монаха… И как смешно этот Зюка говорит: «зачепляются»… А Буба: о-ё-ёй какой страшный!»

5

Буба

Прошло несколько дней, и Сережа уже не чувствовал себя новичком. Понемногу у него завелись свои собственные монахи и мастирки, которыми он орудовал не хуже других.

Не хуже других научился он припрятывать под матрацем недоеденный хлеб, чтобы кормить вечно голодных воробьев.

И познакомился со всеми воспитателями, и узнал, кто из них добрый, кто злой, и заметил, что Зоя Львовна немного глуха и что при ней можно галдеть, сколько хочешь.

Узнал он также, что та высокая, горбоносая, молчаливая, важная женщина, при появлении которой вся Солнечная затихает мгновенно, есть тетя Варя, здешняя заведующая.

И понял про хвостатое дерево: потому-то оно и зовется хвостатым, что за его ветки цепляются хвосты монахов.

И Солнечная познакомилась понемногу с Сережей. Ребята дали ему кличку Броватый, так как у него были необыкновенные брови, которые постоянно находились в движении. Стоило ему на мгновение задуматься, они сбегались у его переносицы, а когда он удивлялся чему-нибудь, они взлетали вверх, как самолеты. Никогда им не было покоя, так как чувства у него ежеминутно менялись. Был он грузин, сын актера, жил то в Москве, то в Тбилиси. Звали его Сергей Гасвиани. Он пылко вглядывался во всех окружающих, и его выпуклые, невероятно большие глаза то загорались огнем, то темнели.

Понемногу он разговорился с соседями и узнал, что почти все они — дети рабочих, главным образом из Одессы, Ростова и Харькова.

Цыбулин отец был шахтером, А Лёлин — кочегаром на пароходе «Заря». Пароход каждую декаду проходил мимо Солнечной, проходил на горизонте, далеко-далеко, и всё же Лёля всегда узнавала его.

— Это наш пароход! Это папин!

И долго не могла успокоиться.

Многие ребята были взяты сюда из детских домов, из больниц, только Буба и Илько прямо с улицы.

— Буба? Буба?

Да кто же он такой Буба? — спросил однажды у своих соседей Сережа.

— О, Буба…

И они заговорили все зараз.

Сережа не знал, кого слушать. Особенно кипятился лилипут Соломон, маленький человечек с большой головой, лежавший у самого края, неподалеку от хвостатого дерева. Лицо у Соломона было стариковское, сморщенное, а ручки и ножки — как у пятилетнего мальчика.

Бубу он ненавидел до слёз и, чуть только услышал его имя, тотчас же приковылял на своем костыльке и затараторил взволнованным голосом:

— Буба? Это погромщик-бандит-хулиган-паразит-мародёр!

Ему место не здесь, а за хорошей решеткой. Я лежу здесь уже пятый год, а еще не видел таких паразитов. Мы с ним цацкаемся: «Бубочка, Бубочка», а его нужно к чертям, и чем скорее, тем лучше.

Соломон говорил быстро-быстро и потрясал костыльком, как оружием. Подмышкой у него были шахматы и какая-то большая бумага.

Оказалось, что Буба действительно ужасный преступник. Его привезли сюда чуть не из воровского притона, и в первый же день, когда доктор Демьян Емельяныч наклонился над его больным бедром, Буба впился доктору зубами в плечо и укусил его, как бешеный пес.

— Чудак! — сказал Демьян Емельяныч. — Если ты не будешь лечиться, у тебя пропадет все нога.

— Пускай пропадет, — сказал Буба. — Не твоя нога, а моя.

И пнул его здоровой ногой.

Был он мрачный и сонный, ни на кого не глядел, на товарищей не обращал никакого внимания, сидел нахохлившись и угрюмо молчал.

13

— Отвяжись, — сипло сказал он длинноусому санитару Максиму, когда тот обратился к нему с каким-то вопросом.

Его заперли в изолятор. Он сейчас же заснул, а когда проснулся, схватил колокольчик, который лежал у кровати, чтобы больные могли звать санитаров, и швырнул его прямо в окно. Стекло — вдребезги, а в то время была, как нарочно, молчанка. Ребята проснулись, загалдели, завизжали, завыли, захныкали. Сорвать молчанку! Этого еще никогда не бывало на Солнечной. Ведь молчанка для больных нужна, как воздух. Во время молчанки они набираются сил для борьбы со своей болезнью.

Зоя Львовна попыталась было снова наладить порядок, но опять зазвенели осколки стекла, и на площадку из разбитого окна вылетела железная кружка.

— Буба! Буба!

Но Буба разбушевался вовсю и стал выкрикивать ужасные ругательства.

Что делать с таким хулиганом?

Убрать его в двадцать четыре часа!

Но, конечно, его не убрали, его пожалели, оставили здесь, и он продолжает бузить. Сегодня кинул солонкой в длинноусого Максима, вчера плеснул в Аглаю горячей водой…

— Так вот он какой, этот Буба! Конечно, его надо подальше! — решительно воскликнул Сережа и, взяв карандаш, поспешил подписаться под той бумагой, которую принес Соломон.

На бумаге было написано быстрым Соломоновым почерком:

«Мы требуем, чтобы Бубу удалили из нашей среды, потому что Советский Союз не нуждается в таких паразитах. Вместо него можно вылечить другого больного, не хулигана, а борца и строителя».

Под бумагой было много подписей: Нина первая, Нина вторая, Паня Мурышкина, Марина Курындина, Андрей Володенко, Зюка, Цыбуля, Кирюша Корытников, Леля Андреева, Федя Курчавый, но крупнее всех была подпись Соломона Эпштейна.

6

Митинг

Вскоре бумага была вручена тете Варе, и на Солнечной состоялось собрание, посвященное Бубе.

Собрание было бурное. Соломон оказался отличным митинговым оратором и шибко-шибко, словно торопился на поезд, произнес прокурорскую речь, обвиняющую Бубу в целом ряде величайших преступлений, и закончил ее самым решительным требованием избавить Солнечную от такого злодея.

Тут выступила Зоя Львовна и жалобным, мяукающим голосом начала, конфузясь, говорить, что да, Буба виноват... еще бы — очень, очень, и она не собирается его защищать, но всё же, дорогие товарищи, ведь в каждом преступнике есть что-то... хорошее... светлое... чистое... и нельзя ли... ну, хотя бы из жалости, оставить его здесь, ну, хоть на месяц... потому что, дорогие товарищи, болезнь у него очень серьезная, и уйти из санатории для него верная смерть. Сделаем опыт, попробуем...

— Никаких опытов! — закричал Соломон. — Выгнать его, и конец! Жалость? Тут жалеть не приходится. Страна тратит на наше лечение огромные деньги, потому что, черт возьми, ей необходимы работники! Каждый из нас ждет не дождется, когда он выздоровеет и примет участие в стройке. Это при старом режиме из нас вышел бы человеческий хлам. Мы стояли бы у церкви на паперти и просили бы милостыню. А теперь, хоть мы и хромые и горбатые, из нас выйдут учителя, инженеры — да, да, — агрономы, бухгалтеры, техники — да — и мы будем работать, как черти.

Соломону шел четырнадцатый год, и недаром у него на крошечном туловище сидело лицо старика. Недаром он читал «Комсомольскую правду», играл в шахматы и изучал эсперанто. Он говорил, как большой, с жестами привычного оратора.

— А нянчиться с паразитами, тратить силы и медицинские средства на бандитов и лодырей — это нам сейчас не по карману, и за это нам спасибо не скажут.

— Верно! Верно! — закричали все.

Тут заговорила Мурышкина Паня, дочь колхозника из Черноземной области, краснощекая, с круглым лицом.

— Это правильно. Больных в Союзе много. А коек — немного… Зачем отдавать койки бандитам, если коек не хватает для хороших ребят? Хорошие лежат в деревнях. И не могут попасть в санаторию. А мы валандайся тут со всякой швалью…

Паня говорила очень медленно, и слова у нее были как чугунные.

Тут заговорила тетя Варя вкрадчиво и в то же время язвительно:

— Ах, вы не любите лодырей? Подавай вам борцов и работников? А лодырей по боку, в крапиву, в канаву? Пусть себе гниют под забором? Вы думаете, лодыри падают с неба? Так сразу рождаются лодырями? Нет, милые, их создаете вы сами, их создает коллектив. Если коллектив у вас здоровый и крепкий, вы самого дрянного превратите в хорошего, а если коллектив у вас дрянь, вы любого сделаете дрянью. Самого лучшего. Да. Так в чем же дело? Или вы не надеетесь на свой коллектив? Или он, по-вашему, такой шаткий и слабый, что всякий бузотёр может уничтожить его?.. Если так, то о чем говорить?

— Нет! Нет! Нет!

— Конечно, если вы не верите в свой коллектив…

— Верим! Верим!

— А если верите, то чего же бояться?.. Никакие Бубы, никакие Ильки не опасны для вас, если вы все, как один человек, будете дружно работать, чтобы подготовить достойную смену, которая…

— Будем! Будем!

— А если будете, — и тетя Варя широко улыбнулась, — и Буба, и Илько… вот вы сами увидите… станут не хуже, а может быть лучше нас всех… дельными, боевыми работниками…

Только поднимите у себя дисциплину, только укрепите свою коллективную спайку.

Долго говорила тетя Варя, и в конце концов Бубу решили оставить.

Но Соломон не сдавался по-прежнему:

— Ой, вымотает он у нас кишки, этот Буба!

7

Солнечная

Но Буба как будто притих. Целую неделю ни звериного рычания, ни рявканья не доносилось из дверей изолятора.

На Солнечной наступили спокойные дни.

Никогда не думал Сережа, что ему будет так хорошо в санатории. На ее воротах висела очень печальная вывеска: «Санатория для костно-туберкулезных детей».

Стало быть, в ней лечились такие ребята, у которых болели кости. У кого — колено, у кого — бедро, у кого — позвонки. А эти болезни тяжелые, и болеть ими очень невесело.

Всякое неловкое движение может повредить больным костям. Поэтому тот, у кого, например, больная спина, принужден неподвижно лежать на спине, а тому, у кого больное колено, не разрешается двигать ногой. Чтобы как-нибудь нечаянно эти больные части не сдвинулись с места, на них накладывается повязка из гипса, и таким образом больная нога или больная спина, или больное бедро помещается как бы в коробку, и такая твердая эта коробка, что ее нельзя ни сломать, ни согнуть. Этой коробки не снимают по нескольку месяцев, а бывает и так, что снимут одну и сейчас же наденут другую. Дети лежат в постели три-четыре года не вставая. А так как справится с туберкулезом костей можно под лучами солнца, на воздухе, то все эти больные ребята живут под открытым небом, и их уносят под крышу только во время дождя да зимою во время мороза. Санаторию нарочно построили на берегу южного моря, чтобы больные лето и зиму дышали самым чистым, самым теплым, самым целительным воздухом. И так как они лежат здесь почти всегда нагишом, тела у них становятся обветренными, загорелыми, крепкими, и у них понемногу накопляются силы, чтобы победить в себе свою болезнь.

Если они лежат одиноко, на квартире у своих родителей,

они, конечно, очень страдают: им скучно и обидно лежать день и ночь без движения и видеть, как здоровые дети тут же, рядом, балуются, бегают, кувыркаются, прыгают.

И все смотрят на них, как на мучеников, все говорят им: «ах, бедные», и от этого им еще тяжелее.

Отец Сережи был известный грузинский актер, мать работала в музее Революции в Москве, и оба они очень любили Сережу, но всё же он измучился за зиму, лежа у них на московской квартире. Они смотрели на него со слезами, ахали и охали над ним и, глядя на них, он думал, что он самое несчастное существо на всем свете. Прошлое лето он прожил с ними на даче в Каджорах — пролежал на носилках под тенистой акацией, завидуя даже воронам, пролетавшим над ним.

Он был уверен, что в той санатории, в которую его привезли, целый день стоит стон и плач прикованных к постели ребят.

И вот, оказывается, что здесь не только не вопят и не стонут, но вообще не говорят о болезнях: играют с утра до ночи, работают, учатся, совсем как здоровые дети. Озорничают, пожалуй, даже почище здоровых. И так много и так громко хохочут, что им то и дело кричат, чтобы они перестали бузить.

И странное дело: те боли, которые казались Сереже невыносимо-мучительными, когда он лежал один, — здесь, в компании с товарищами, не вызывали ни стонов, ни слез.

Реветь в перевязочной считалось вообще неприличным. Туда нужно было отправляться с ухарским и равнодушным видом и говорить надо было не о боли, а о самых посторонних вещах: о ёжиках, об апельсинах, о звездах, о фашистах, об Африке…

Перевязочная была веселая белая комната, и доктор в перевязочной был тоже веселый. Можно было подумать, что он приходит сюда не лечить, а шутить, потому что каждую девочку он называл «старушенция», а каждого мальчика «балдахин», «Шендер-мендер», «Пистолет Пистолетович». Голова именовалась на его языке «набалдашником», спина — «спинозой», живот — «барабаном». «Эй, ты, Шендер-мендер, покажи-ка мне свой набалдашник». «Ну, старушенция, поверни-ка спинозу!»

Шутки его были несмешные, и Сережа вскоре заметил, что, болтая весь этот вздор, доктор думает свое, медицинское, но всё же ему было приятно, когда к нему подкатывался этот круглый, как шар человек и говорил на своем шутовском языке:

— Ну, Чучело-Чумичело, подавай-ка копыто!

Звали его Демьян Емельяныч, но вся Солнечная называла его Барабан Барабаныч. Он был замечательный, знаменитый хирург. Тысячи «старушенций» и «Шендер-мендеров» вылечил он на своем долгом веку.

В санатории был стол на колесиках. Он назывался «трамваем». На нем перевозили ребят в перевязочную, и ребята, когда их везли ни «трамвае», считали своим долгом балагурить, смеяться, выкрикивать забавные стишки, — словом, всячески показывать, что они молодцы и что перевязочная им нипочем. Дома, окруженный родными, Сережа визжал, как зарезанный, от малейшего прикосновения врача к его больному колену, а здесь, на глазах у товарищей, он, не сморгнув, выносил самые мучительные пункции (прим. — уколы особой иглой).

8

Мы требуем!

Но лучше Цыбули, лучше Пани Мурышкиной, лучше всех воробьев и мастирок, даже лучше хвостатого дерева был на Солнечной Израиль Мойсеич. Сережа пламенно влюбился в него.

Войдет незаметно, застенчиво, как будто украдкой, присядет на тумбочку возле чьей-нибудь койки и начнет своим тихим болезненным голосом, вяло и неторопливо рассказывать, что творится сейчас на советской земле, и понемногу вся Солнечная проваливается в какую-то яму, и на том месте, где только что были кровати, вскидываются к небу подъемные краны и вгрызаются в промёрзлый песок экскаваторы, и бегут и бегут по конвейерам бесконечные фордзоны, грузовики и станки, и миллионы людей, заполняя собою все море, от горизонта до берега, быстро-быстро, совсем как в кино, машут топорами, молотками, кирками, громоздя десятки Днепростроев, прокапывают русла новых рек, городят в пустынях города, и все это называется великая стройка. И не было такого хромоножки, такого горбуна, паралитика, который, слушая Израиль Мойсеича, не рвался бы и сам в эту стройку, не хотел бы внести в нее ну хоть кирпичик, хоть винтик. Чтобы скорее, не послезавтра, а завтра наступило всесветное счастье.

Послушали бы вы, с какой нежностью произносит Израиль Мойсеич слово «шарикоподшипники». Принес целую горсть этих шариков и так любовно перебирал их у себя на ладони, так ласково гладил их своими бескровными пальцами, словно всю жизнь только и ждал этой радости.

Года три или четыре назад он проработал всю зиму в бригаде Сталинградского тракторного (под снежными бурями, на жесточайшем морозе) и достиг там невиданных темпов, но в конце концов выбился из сил, заболел, и его прислали оттуда сюда, к теплому морю, лечиться.

Солнечные очень жалели его: весь какой-то всклокоченный, узкогрудый, хилый, он часто задыхался и кашлял. Но он не замечал ни кашля, ни колотья в груди, когда живописал перед ними свои картины Великих работ. И Кузбасс и Свирьстрой, И Москанал, и Волго-Дон, и Магнитогорск, и Челябинск были для него не за тысячу километров, а вот здесь пред глазами; он не то, чтобы думал о них, он их видел. И солнечные вместе с ним забывали о здешнем и как бы переселялись в ту жизнь, которую он изображал перед ними, и жарко верили, что через год, через два все они, несмотря ни на что, станут боевыми участниками этой творческой жизни, и весело смотрели вперед, и в них не было той злобной угрюмости, которая в прежнее время отличала тяжелых больных. Кажется, они сразу заболели бы вдвое, если бы у них отнять эту веру.

— Вы не только учите, вы лечите их, — сказал как-то Израиль Мойсеичу доктор Барабан Барабаныч. — Вы лечите их этими... подшипниками. Неплохие пилюли, оказывается.

И хохотнул животом.

Наслушавшись Израиль Мойсеича, ребята приготовили к первому мая такие энергичные лозунги:

МЫ ТРЕБУЕМ
чтобы нам дали возможность
ДРАТЬСЯ ЗА ПЯТИЛЕТКУ
наравне со здоровыми!
МЫ КЛЯНЕМСЯ
доказать на деле, что мы
не хуже здоровых сумеем
СТРОИТЬ СОЦИАЛИЗМ!

И вот понемногу всю Солнечную обуяла мечта: хорошо бы здесь же, у теплого моря, в саду, под открытым небом, на воздухе, устроить особую фабрику-школу — специально для увечных ребят, где они обучались бы всяческой технике, не прекращая лечения и приспособляясь, под наблюдением врачей, именно к тем производствам, которые им более сподручны.

— Давно пора! — грохотал Барабан Барабаныч. — Без этого все наше лечение насмарку. Вылечишь, поставишь их на ноги, а потом прощайте, адью! Выйдет эдакий из наших ворот, ни к какому делу не прилажен, без ремесла, без профессии, набросится на любую работу, на первую, какая ему попадется, а эта работа ему не под силу, и, глядишь, скувырнулся опять. Обуза и для нас, и для Собеса. Нет, мы обязаны тут же, на месте, изготовлять из наших больных — мастеров и работников, и не каких-нибудь, не третьего сорта, а первоклассных. Да! Да!

Соломон ликовал. Наяву и во сне ему виделось ослепительно-белое, великолепное здание, полное машин и станков, где в самое короткое время все солнечные (за исключением таких, как Илько или Буба) превратятся в умелых, закаленных работников, которые будут драться за пятилетку, как черти.

А бандитам в этом здании не место. Разве такие, как Илько или Буба, могут понять пятилетку? Соломон как-то попробовал распропагандировать Бубу и стал рассказывать ему об Осоавиахиме и МОПР, но тот поглядел на него мутно и сонно и без всякой злобы, ни с того, ни с сего, покрыл его такими ругательствами, каких Соломон не слыхал даже у румынских цыган.

Много в санатории было толков и споров о требованиях, предъявленных солнечными, и наконец, после всяких совещаний, заседаний, дискуссий, Израиль Мойсеич стал собираться в Москву — хлопотать об устройстве в стенах санатории специального техникума для физически-дефективных детей, а Сережа написал стихотворение, которое кончалось такими словами:

Мы скоро, мы скоро, мы скоро
Покинем больничные койки!
И скоро, и скоро, и скоро
Мы станем героями стройки!

23

9

Сережина тайна

Но как же мог он выдумать стихи? Разве он сочинитель, поэт, стихотворец?

Сначала об этом никто не догадывался. Это была тайна Сережи, и с этой тайной он приехал сюда. Сначала все шло хорошо, но к вечеру десятого дня о Сережиной тайне узнала вся Солнечная.

Произошло это так. Израиль Мойсеич, примостившись на тумбочке, рассказывал взволнованным шепотом о полетах в стратосферу за рубежом и у нас. Сережа слушал его не мигая, а потом сдвинул свои необыкновенные брови, взял аспидную доску и нацарапал на ней:

Надоело мне лежать
На кровати
Я хотел бы полетать
В стратостате.

И потянулся за губкой, чтобы стереть эти строки, но Нина ходячая, пробегавшая сзади, подхватила доску, как добычу, помчалась к хвостатому дереву и звонким безжалостным голосом выкрикнула их на всю Солнечную. Она была не злая, не ветреная, и нрав у нее был егозливый. Солнечная встретила Сережины стишки обезьяньими визгами и тотчас же запела их по-своему:

Надоело мне лежать, жать, жать,
На кровати, вати, вати, вати!
Я хотел бы полетать, тать, тать,
В стратостате, тате, тате, тате!

— Ой, ой, да ты настоящий поэт, — хихикая, сказала Зоя

24

Львовна, и хотя в ее голосе не было и тени насмешки, Сережа так отчаянно заплакал, что слезы полились ему в уши. Изо всей силы притянув к голове простыню, он закрыл ею горячее лицо, и даже по пальцам его ног было видно, что он переживает пронзительный стыд.

Ибо в том и заключалась его тайна, что он на самом деле был поэт. Еще прошлым летом, когда он лежал одиноко на даче в Каджорах, он сшил себе голубую тетрадь, куда записывал — украдкой от родных — сочиняемые им стихотворения. Почему-то он был убежден, что стихотворство — секретное дело, и не показывал своих стихов никому. Да и нельзя было их никому показать, так как они были слишком печальные. В них Сережа плакал и жаловался:

Горе, горе мне, калеке!
Я — загубленный навеки!
Я завидую здоровым —
Поросятам и коровам.

Он привез эту тетрадь на Солнечную и спрятал ее в шахматной коробке на самом дне, под фигурами, а коробку сунул в звеновой сундучок. Это было ненадежное место, так как звеновое добро с утра до ночи ходило по рукам. Но другого тайника не нашлось, и стоило только Сереже подумать, что кто-нибудь — ну, хотя бы Энвер или Зюка — может подглядеть его секрет, на лице у него появлялось выражение испуга. Всякий раз, когда Клава, сметая пыль, со звенового сундучка, прикасалась на минуту к заветной коробке, брови у него начинали ходить ходуном.

В тетрадке оставалось еще несколько чистых листов, но с тех пор, как Сережа переехал на Солнечную, он не мог сочинить ни строчки, так как все свои стихотворения он писал лишь тогда, когда ему делалось грустно, а здесь ему не от чего было грустить. Здесь он с первых же дней ощутил, что он не калека, не урод, не отверженный, а такой же человек, как и все. Это новое, веселое чувство никак не выливалось в стихи. Когда же он попробовал сегодня, поддавшись минутному горю,

25

написать несколько жалобных строк, вроде тех, какие он писал в голубую тетрадку в Каджорах, они были подняты насмех.

Вот и сейчас малыши там, за бочкой, безостановочно кричат, как сумасшедшие:

> Наш Сережа инвалид, лид, лид!
> У него живот болит, лит, лит!
> Ему руки оторвали, вали, вали!
> И в Америку послали, лали, лали!

Эта бессмысленная песня наполнила сердце Сережи обидой.

Было уже темно, когда, наплакавшись, он сбросил с лица простыню. Крикуны давно приумолкли. На небе поблескивали первые звезды. Сережа потянулся рукой к сундучку и вынул оттуда коробку, но тетради там не оказалось. Куда же она могла деться? Он обшарил весь ящик, опять и опять, высыпал оттуда к себе на постель все открытки, перышки, картинки, бумажки, перетрогал каждый лоскуток, — тетрадь провалилась сквозь землю.

Утром он возобновил свои поиски, но так-таки ничего не нашел.

Это привело его в отчаяние. Его стихи украдены, над ними глумятся, И сам он сделался общим посмешищем! Он сдвинул брови и снова прикрыл свое лицо простыней. Зоя Львовна разлетелась было к нему с каким-то вопросом, но он даже не взглянул на нее. Так он пролежал до ужина, а за ужином у хвостатого дерева появился Израиль Мойсеич, и каково же было изумление Сережи, когда в руке у Израиль Мойсеича он увидел свою голубую тетрадь!!! Сережа посмотрел на нее исподлобья и сжал кулаки, как для драки: сейчас Израиль Мойсеич будет издеваться над нею.

Но Израиль Мойсеич подошел как ни в чем не бывало и заговорил деловито:

— Это хорошо, что ты умеешь стихи. Нам как раз не хватает такого... Ведь ты слыхал про нашу стенгазету?

26

Сотрудников у нас сколько угодно, но чтоб стихами — никто. А у тебя это так здорово выходит.

И он указал на голубую тетрадь.

Сережа молчал, даже брови у него остановились.

— Так что, вот тебе от нашей стенгазеты заказ, — продолжал Израиль Мойсеич: — дай нам к завтрему… ну, к послезавтрему… этакую, знаешь, стишину…

Сережа хотел что-то сказать, но не мог: у него пересохло, во рту. Зато брови его, приостановившись на миг, снова засуетились неистово.

— Значит, идет? К послезавтрему? Смотри же, не подведи, выручай. Сам понимаешь: газета. И кроме тебя — никого.

Израиль Мойсеич ушел, а голубая тетрадка осталась возле Сережиной койки. Очевидно, она попала к Израиль Мойсеичу еще вчера поутру, когда Сережа отлучался в перевязочную. Если бы Израиль Мойсеич, хотя бы самым дружеским, деликатнейшим образом, тут же, у Сережиной кровати, стал перелистывать эту тетрадь, вычитывать оттуда стихи и при этом позволил бы себе чуть-чуть улыбнуться, Сережа возненавидел бы его навсегда. Но он заговорил по-деловому, не миндальничая, мимоходом, без ахов и охов, и Сережа сразу успокоился. Ему даже стало смешно, что он испортил себе столько крови из-за таких пустяков. И не прошло двух минут, как впервые за все эти дни он широко и аппетитно зевнул. Только теперь он почувствовал, как страшно утомили его эти тревоги. Он протянул было руку за голубою тетрадкою, но рука так и заснула протянутая.

10

Сережина слава

Утром Сережа проснулся веселый и сейчас же принялся за стихи, заказанные ему Израиль Мойсеичем. Но все его усилия были напрасны. Сколько он ни бился, он не мог сочинить ни строки. То, что он писал в голубую тетрадь, давалось ему без натуги, а тут, хоть голову себе откуси, решительно ничего не выходит. Уже позвонили к обеду, а он все еще мусолил свой грифель.

За обедом произошла суматоха, которая насмешила Сережу. Нина ходячая, сидевшая неподалеку от бочки, вдруг взвизгнула, будто ее укололи иглой, и в ужасе отодвинула от себя деревянную чашку с компотом: в компоте оказался червячок, вроде тех, которые водятся в яблоках. Поднялась суета, прибежал Барабан Барабаныч и, потребовав к себе главного повара, бешеным жестом сунул ему прямо под нос Нинину деревянную чашку.

— Что это такое? — взревел он, тыкая в червяка своим пухлым перстом. — Вот это! Вот это! Вот это!

Повар долго вглядывался в чашку и хмыкал носом, и чмокал губами, и наконец пробормотал:

— Ви-та-ми-на!

Барабан Барабаныч ахнул, попятился и посмотрел на него пулеметно.

— Ступайте, — сказал он, сверкая очками, — и чтобы больше у меня не было такой… витамины!

И, помолчав, прибавил:

— Губошлеп!

Сереже эта история очень понравилась.

— Вот ты и раздраконил бы ее для газеты… — сказал ему Израиль Мойсеич. — Дал бы губошлёпу по губам!

Сережа уныло покачал головой. Он был уверен, что ему никогда не написать ни строчки. Но чуть он закрыл глаза, он так ясно представил себе Нину ходячую, когда она визжала над компотом, и плюгавого виноватого повара, что у него нечаянно, сами собой выговорились такие стишки:

Нина кушала компот,
Уж почти кончала,
Вдруг в испуге во весь рот
Громко закричала.
Из компота на нее
Выпучил глазища
Ой-ой-ой, какой большой
Белый червячище!
Кривоносый и в очках,
Смотрит зло и строго:
«Кушай Нина, в червяках
Витаминов много!»

Эти стишки он написал на доске и тихонько показал Соломону. Соломон воскликнул: «уююй!» и от удовольствия поцеловал себе пальцы. Через минуту стишки разнеслись по всей Солнечной. Солнечная выучила их наизусть. Цыбуля, ласково похрюкав над ними, сейчас же начал рисовать к ним картинку. Было решено напечатать их в стенгазете, в ближайшем номере, вместе с картинкой, которую нарисует Цыбуля. В тот же день очень многие обитатели Солнечной написали письма в Батум, В Эривань, в Ленинград, в Симферополь своим матерям и отцам о том, что у них на площадке появился знаменитый поэт. И они были правы, так как с этого дня Сережа стал действительно знаменит на всю Солнечную.

Его стихи не понравились только одному человеку — повару.

Повар говорил, что они никуда не годятся, потому что где же это видано, чтобы вареные червяки выпучивали на кого-нибудь глазища, носили очки и говорили человеческим голосом? Не ободрял он также картинки, которую сделала Цыбуля: на картинке была нарисована огромная чашка, и оттуда выползал, извиваясь, отвратительный змей, а лицо у змея было точь в точь как у повара — с такой же отвислой губой и в таком же белом колпаке. Повар говорил, что эта картинка никуда не годится, потому что червей в колпаках не бывает, но остальные зрители были очень довольны. Нравилась им также и подпись под картинкой: «Новооткрытый витамин «губошлёп». Подпись придумал Цыбуля, и когда выводил ее кисточкой, самодовольно похрюкивал.

И стишок, и картинка, и подпись были помещены в стенгазете. Стенгазета называлась «Зарница». Ее редактором был Соломон. Нужно ли говорить, что «зарница» беспощадно клеймила преступного Бубу, который был изображен у нее на столбцах в виде бешенного клыкастого пса, только что сорвавшегося с цепи; внизу под этим псом было подписано:

«Кусается! Нужен намордник!»

Тут же был напечатана громовая статья Соломона, в которой Буба, как бузотер и громила, был сопричастен к австрийским фашистам.

— Погоди, — говорил Соломон. — Я этого паразита вот так!

И он делала такое движение, будто давил между ногтями козявку.

«Зарница» была нарасхват. Каждое звено то и дело требовало к себе этот номер, наклеенный на тонкую фанеру. Всех особенно взволновало напечатанное там сообщение, что третьего дня часа пополудни Израиль Мойсеич скорым поездом уехал в Москву хлопотать о фабрике-школе. Будет, будет построено здесь, неподалеку от Солнечной, это желанное здание, — великолепное, ослепительно-белое, гудящее станками и машинами, — где и Соломон, и Энвер, и Мурышкина Паня, и бесчисленные тысячи других самыми ударными темпами, словно по волшебству, превратятся в несокрушимых бойцов за счастье всего человечества. Краткая заметка об этом была напечатана в «Зарнице» крупнейшими буквами в широкой фиолетовой рамке. Тогда-то у Сережи и сложились стихи:

Мы скоро, мы скоро, мы скоро
Покинем больничные койки,
И скоро, и скоро, и скоро
Мы станем героями стройки!

11

Тётя Варя и ласточки

На третий день после отъезда Израиль Мойсевича в санатории произошла катастрофа.

Началась она — странно сказать! — под абажуром электрической лампы.

Эта лампа висела на высоком столбе и по ночам освещала всю Солнечную.

И вот какие-то глупые ласточки свили себе под ее абажуром гнездо.

Целый день они трудились без устали, а когда кончили постройку и уселись в гнезде, наступила ночь, и их гнездо озарилось убийственно ярким электрическим светом.

Лампа сделалась горяча, как утюг.

Ласточки вылетели из гнезда ошалелые и стали с криками кружиться у столба.

Вся Солнечная в один голос потребовала: снять гнездо и немедленно перенести в безопасное место, чтобы ласточки могли воротиться в свой дом и жить спокойно, ничего не боясь.

— Завтра, завтра! — говорила Зоя Львовна, но ребята и слышать не хотели об этом и требовали, чтоб сейчас, сию минуту.

Время было позднее, им пора было спать, а они бушуют и вопят, и их теперь ничем не успокоишь.

Прибежала тетя Варя и велела позвать санитара Максима, чтобы он взобрался на вершину столба и бережно перенес гнездо куда-нибудь подальше от лампы.

Но санитара не было. Он уже отдежурил. За ним побежала Аглая, но не нашла его и пропала сама.

Ласточки кричали, словно плакали, а ребята бесновались, как безумные.

— Снимите, снимите, снимите гнездо!

Зоя Львовна с великим трудом выволокла откуда-то

длинную лестницу; приставила ее к тонкому железному столбу фонаря и попробовала взобраться по ней, но соскочила с третьей же ступеньки:

— Я не акробат, и у меня не две головы!

Тетя Варя очень рассердилась и дернула от нетерпения плечом.

— В таком случае я сделаю это сама! — высокомерно сказала она, как бы желая пристыдить Зою Львовну. И торжественно направилась к лестнице.

— Что вы? Что вы? Куда вы? Куда вы?

Но тетя Варя не слушала и, величаво отстранив Зою Львовну, которая хотела ей помочь, в одно мгновенье вскарабкалась по лестнице, порывисто дотянулась рукой до гнезда, но вдруг вскрикнула, оборвалась и упала — упала вместе с лестницей прямо в кусты, неподалеку от хвостатого дерева, и все завизжали от ужаса, а Зоя Львовна растопырила пальцы и окаменела на месте.

К счастью, откуда-то прибежал наконец санитар, и тетю Варю положили на носилки и унесли в перевязочную.

А ласточки кружились и кричали.

Ребятам было велено сейчас же прекратить разговоры и спать, но они долго не могли успокоиться, а на другой день оказалось, что тетя Варя сломала себе руку и повредила бедро, что ее увезли в Пентапею, в больницу, и никто не знает, когда она выздоровеет.

Тетя Варя так любила своих солнечных, что даже в отпуск никогда не уезжала: все одиннадцать лет, с утра до ночи, прожила на этой маленькой полоске земли, словно веревкой привязанная к этим белым деревянным кроватям. Человек она была крутой и суровый и очень редко нежничала с солнечными, но солнечные так любили ее, что даже уезжая к отцам-матерям, ревели при расставании с нею.

И вот ее нет, нет Израиль Мойсеича, и не оттого ли на Солнечной произошло столько диковинных и грозных событий, не оттого ли, как говорит Соломон, вся Солнечная чуть не полетела к чертям.

ЧАСТЬ ВТОРАЯ

ЛИКВИДИРОВАТЬ ПРОРЫВ

1

Планета и кастрюля

Кто же может заменить тетю Варю?

Вместо нее появилась на малое время какая-то Фанни Францевна, густо напудренная, с золотыми зубами. Она, видимо, любила природу, потому что всякий раз восклицала:

— Посмотрите, детки, какое шикарное облако!

— Ах, какой шикарный сегодня закат!

И всё рассказывала ребятам о своем шикарном попугае, который, по ее словам, был умен, как профессор.

Солнечным она не понравилась.

Старшие сразу дали ей дружный отпор. Она обиделась, надулась, пошла к малышам и стала показывать им свой семейный альбом.

— Вот это мой дядя Фридрих... А это мой брат Фабриций... А это мой кузен Фердинанд... а это Феликс, мой первый муж... Видите, какой у него шикарный мундир... А это фрау Франциска фон-Фуфф... А это опять Фердинанд...

Цыбуля с ненавистью глядел на нее:

— И откуда она взялась, эта фря?

— Надо ее в стенгазету, — предложила Пани Мурышкина.

— Черт с нею! — мрачно сказ Соломон. — Потерпим. Ведь всего несколько дней.

Соломон скучал без Израиль Мойсеича, и лицо у него было такое, будто у него болел живот.

Зато его заклятому врагу посчастливилось: Фанни

Францевна сразу же стала всячески ухаживать за Бубой, угостила его вишневым вареньем и повелела дать ему свободу:

— Потому что он совсем как мой Феликс.

Бубу вынесли на общую площадку и поместили у бочки с водой. Он не выказал особенной радости, сидел насупленный и ни на кого не глядел.

Сережа всматривался в него с любопытством: так вот он какой, этот Буба! Оказывается, нисколько не страшный, только скучный и сонный. Очень похож на сову: и глаза у него совиные, круглые, и весь какой-то нахохленный.

К несчастью, Бубиным соседом по койке оказался черномазый Илько. Илько тотчас же заегозил перед ним. Ильку хотелось понравиться Бубе, угодить ему, подольститься к нему и завоевать его дружбу.

Так как ветер гнал к нему всех монахов, которых ребята пускали в то время, он стал перехватывать их своей мастиркою и, хихикая, с шутовскими ужимками, почтительно преподносил их Бубе.

Буба угрюмо хватал их, комкал и, не глядя, совал под матрац.

Пострадавшие кричали и ругались, но он словно не слышал их воплей.

Заметив, что Буба пресытился этой забавой, Илько сейчас же принялся за другую.

Он умел плевать удивительно метко на два с половиной метра и многими годами тренировки довел этот талант до совершенства.

Теперь, добиваясь благоволения Бубы, он показал ему целый ряд достижений в этом высоком искусстве, посылая меткие, как пуля, плевки в самые разнообразны предметы.

Буба как будто чуть-чуть оживился. Возможно, что он и сам в свое время был чемпионом этого благородного спорта. Но все же ни одной доброй улыбки не подарил он бедному Ильку. Тогда Илько решил попробовать последнее средство и завоевать себе Бубину дружбу ценою величайшего подвига.

Этот подвиг долго не забудется в летописях санатории,

потому что, как говорил Соломон, именно после этого подвига Солнечная и полетела к чертям.

На Солнечной был горбатый Энвер, сын крымского колхозника, татарин. У Энвера было сокровище: глобус — маленький, величиною с апельсин. Энвер дневал и ночевал с этим глобусом. Весь ледовитый океан был для него как родная деревня, и, разглядывая его по целым часам, он чувствовал себя живым очевидцем будущих полярных путешествий и подвигов.

И вот Илько, виртуозно владевший мастирками, после нескольких неудачных попыток похитил у него этот глобус и как раз в то время, когда силачи-санитары внесли большую кастрюлю с борщом, размахнулся глобусом и кинул его прямо в кастрюлю.

Да, прямо в борщ, через всю площадку!

Теперь-то Буба непременно полюбит его!

Глобус плюхнулся в жирную жидкость, и санитаров обрызгало рыжими кляксам.

Ребята всплеснули руками, закудахтали, завыли, заёрзали.

Фанни Францевна, всегда видевшая глобус в руках Энвера в первую минуту решила, что Энвер-то и швырнул его в борщ, и налетела на Энвера, как тигрица:

— Это ты! Это ты! Это ты!

А Энвер, для которого глобус был дороже всего на земле, протягивал руки к кастрюле и повторял без конца:

— Это мой! Это мой! Это мой!

Прибежал доктор, ужасно сердитый, и раньше всего приказал, чтобы Бубу немедленно отправили назад в изолятор, а потом грозно поглядел на Илька:

— Ах ты, маримонда египетская!

Илько съежился и бесстыдно залопотал:

— Я нечаянно…

Доктор запыхтел как паровоз.

Борщ унесли и заменили холодной ухой.

Энверу обещали новый глобус, но он был безутешен и горько оплакивал старый.

В тот же день собрание звеновых, обсудив поведение Илька,

вынесло единогласный приговор: Илько за свой хулиганский поступок лишается права участвовать в праздновании Первого мая.

Это была очень суровая кара, и применялась к самым тяжелым преступникам, но Илько только ухмыльнулся презрительно:

— Пожалуйста. Плакать не стану. Очень мне нужно ваше Первое мая!

Впрочем, он куражился недолго. Вскоре ему пришлось пригорюниться, потому что на площадку пришла Зоя Львовна и сообщила потрясающую новость.

Решено, что Первого мая их всех, и ходячих и лежачих, всех как есть, повезут на грузовиках далеко-далеко, до Пентапейского колхоза, и назад.

На грузовиках!.. Вот так здорово! Вся Солнечная засияла от радости. Ведь многие столько лет, столько лет, не вставая, пролежали в постели…

Столько лет не видели ни автомобилей, ни кур, ни коров, ни первомайских демонстраций, ни улиц.

— Я увижу трактор! — волновался Цыбуля. — И мельницу!.. — А я милиционера!..

— А я индюка!..

Вслушиваясь в эти веселые крики, Илько долго крепился и выпячивал губы, но потом захныкал, как старуха:

— Ой, милые! Ой, золотые! Ой, больше не буду! Ой, возьмите и меня покататься!

— Лишенцам не полагается, — басом ответила Мурышкина Паня.

2

Илько

Илько ожидал, что Буба, оценив его подвиг, сделает его своим закадычнейшим другом.

Однако Буба не только не выказал ему никакой благосклонности, но, перед тем как уйти в изолятор, буркнул ему на прощание что-то вроде «гад» или «гадина».

Это слово вполне подходило к Ильку. Он и правда был какой-то гаденький, и товарищи его терпеть не могли.

Говорили, что, перед тем как очутиться на Солнечной, он с самого раннего возраста помогал своему отцу торговать. У его отца была в Одессе лимонадная будка, и мальчик провел там всё детство.

Голос у него был фальшивый и сладкий, как у профессионального нищего. Когда он клянчил у кого-нибудь веревочку, коробку или марку, он делал жалкое лицо и надоедливо тянул плаксивым голосом:

— Ну, пожалуйста! Ну, милый! Ну, золотой! Ну, брильянтовый!..

А когда его везли в перевязочную, он визжал и всхлипывал гнусаво:

— Ой, пустите! Ой, не надо! Ой, красавчики!

Все смотрели с презрением на этого визглявого труса. Ребята отлично знали, что болезнь у него такая тяжелая, как у многих других, и им было тошно слушать его непристойные вопли.

— Перестань трепаться, — говорил Соломон. — Ты хуже Бубы, ты срам и позор для всей Солнечной. Посмотри на Энвера. У него и спина, и колено, и почки, а разве он слюнявится, как ты? Посмотри на Федю: ему только что выскоблили коленную чашку…

Илько ухмылялся, ежился и говорил: «простите, извините», а назавтра снова разыгрывал труса.

Ябеда он был невозможный. Только и слышно было от него с утра до ночи:

— Зоя Львовна, Володя дражнится...

— Зоя Львовна, Симка кидается дохлой улиткой.

— Зоя Львовна, Петька называет меня Чемберленом...

И если Зоя Львовна делала виноватому выговор, Илько поддакивал и смотрел ей в глаза по-собачьи. Но стоило только старшим от него отвернуться, он пакостил исподтишка всем и каждому.

У Гиты он выпросил марки и пустил их по ветру, будто нечаянно.

У Лели выманил ее маленькое круглое зеркальце и начал пускать в нее зайчиков, — зайчики на юге очень яркие, так и ударяют в глаза.

У Марины при помощи мастирки похитил костыль и швырнул его за огородную грядку, так что его долго искали.

Эту Марину он преследовал почему-то с особенной злобой. Марина уже выздоравливала, и ее понемногу приучали ходить, потому что ноги у нее после нескольких лет неподвижности ослабели и отвыкли от ходьбы.

Каждый день ее подымали с постели, и она медленно ковыляла на своих костыльках к бассейну, где плавали рыбки. Илько, должно быть, завидовал ей, что она уже стала ходячая, и всячески старался обидеть ее. Она была близорука, и вот Илько просит ее нищенским, хнычущим голосом, чтобы она подала ему с пола колечко, блестящее, черное, что лежит около хвостатого дерева.

— Ну, пожалуйста! Ну, золотая! Ну, серебряная!..

Ходячие дети считают своей непременной обязанностью исполнять такие просьбы лежачих. Марина нагнулась, схватила колечко и вдруг вскрикнула от ужаса и сильно тряхнула рукой: то было не колечко, то был гадкий кивсяк, отвратительный червь, который водится в сырых местах на юге.

Илько заегозил, захихикал и сказал с противным простодушием:

— Ей-богу же, я ненарочно! Я думал — колечко, а это кивсяк!

— Сам ты кивсяк! — выразительным шепотом сказала Марина.

Все глянули на Илька и увидели, что он и вправду — вылитый кивсяк, такой же лоснящийся, тонкий, так же извивается и корчится.

— Кивсяк! — подхватила Леля, и с той минуты он сделался кивсяком для всей Солнечной.

3

Все полетело к чертям

До сих пор обитатели Солнечной жили дружно и ладно. Каждое слово врача было для них законом. Так как они понимали, что им иначе не выздороветь. Дисциплину поддерживали всем коллективом, а коллектив у них был крепко налаженный. Он делился на одиннадцать звеньев, в звене по пяти человек. В звеновые выбирались обычно самые толковые ребята, и каждый звеновой отвечал за пятерку.

Но теперь, без тети Вари, без Израиль Мойсеича, всё как будто развинтилось на Солнечной.

Как нарочно, сюда привезли целую партию новых больных, так называемых диких, то есть еще не приученных к здешним порядкам. Их следовало бы разместить по разным звеньям, но глупая Фанни Францевна сбила их всех в одну кучу — у той же бочки, недалеко от Илька. Так что у бочки образовалась целая колония диких, которые не то чтобы буянили, но были непокорны и крикливы.

То и дело кричали друг другу какую-то воинственную чушь:

Ябеда соленая,
На костре вареная,
Сосисками подбитая,
Чтоб не была сердитая!

Сережу такая чушь почему-то раздражала до слез. Он крепко затыкал себе уши, и, конечно, когда дикие заметили это, они стали кричать еще громче.

Главным же несчастием была скука.

Этой скуки, конечно, не могла разогнать субтильная учительница Людмила Петровна, временно заменявшая Израиль Мойсеича. Людмила Петровна говорила о том же, о чем говорил и он — о борьбе за пятилетку, о стройке, но губки у нее были бантиком, и она чирикала, как птичка:

— Чик-чирик успехи! Чик-чирик победы! Чик-чирик Кузбасс и Москанал!

И такой мармеладный у нее был голосок, что пятилетка превращалась у нее в пятилеточку, а Москанал — в москанальчик.

Немудрено, что Солнечную охватила свирепая скука.

Сережа попробовал было высмеять чирикание Людмилы Петровны, и в мозгу у него зашевелились такие стишки:

Что же ты, как чиж на веточке,
Нам поешь о пятилеточке?
Пятилетка не конфетка
И сама не прыгнет в рот.
....

Но дальше ничего не мог придумать. На него тоже напала какая-то вялость, и все валилось у него из рук.

Только в сумерки, когда Людмила Петровна приходила с какой-нибудь завлекательной книгой, на Солнечной начиналась по-прежнему приятная жизнь.

Сережа любил это предвечернее время. Ветер стихал, море как-то необыкновенно добрело, становилось уютным и грустным, на небе предчувствовались звезды.

После ветреного солнечного дня хорошо лежать под тихим небом и слушать, как читают о республике Шкид.

Мастирки и теперь не унимаются. То из той, то из другой кровати они ракетами взлетают в высоту и повисают на железной перекладине тента, но в этот тихий предвечерний час даже мастирки теряют свой воинственный вид и кажутся безобидными, кроткими.

Да они такие и есть в эту пору. Их подбрасывают не из озорства, не для грабежей или битв, а просто так, для того, чтобы хоть как-нибудь выразить тихую, немного печальную радость, которая почему-то наполняет сердца в это время.

— Мы бросаем их шепотом! — сказала однажды Леля, и действительно, в этих мастирках был шепот.

Когда была здорова тетя Варя, она как раз в это время всегда подходила к самым тяжелым больным, и лихорадящие дети, особенно девочки, жадно прижимали к ее жестким рукам свои горячие щеки и лбы. В этот тихий предвечерний час им особенно хотелось быть обласканными.

Но понемногу даже в эту тихую пору Солнечная стала горланить и буйствовать.

И действительно, все полетело к чертям!

Людмила Петровна по-прежнему ровно в шесть часов выбегает на середину площадки, как актриса на сцену, и начинает читать о республике Шкид, но слушают ее только самые маленькие.

Не проходит и пяти минут, как она уже хватает колокольчик и звонит, и умоляет замолчать, и бегает от кровати к кровати:

— Да тише же, тише, тише!

Прежде в это предвечернее время звеновые неслышно приводили в порядок обширное хозяйство звена, а теперь все книги сбились в лохматую кучу, шашки смешаны с шахматами, карандаши под кроватью, открытки то и дело улетают к хвостатому дереву.

Свихнулись даже лучшие ребята. Еще так недавно Сережа с завистью поглядывал на Лелю, как она, поднявши кверху свою тонкую ногу, пропускает между пальцами длинную ленту бинта и быстро-быстро скатывает эту ленту руками, а теперь Леля только морщится при виде бинтов:

— Не хочу… Надоело… Не буду…

Прежде по просьбе звенового Энвера Нина ходячая с большим удовольствием складывала мохнатые полотенца для ванны, а теперь она швырнула их Энверу назад:

— Отвяжись, пожалуйста, с твоими мохнатками! Складывай сам, если тебе интересно!

У Энвера от злости даже спина покраснела:

— Ах ты, герцогиня собачья!

И он швырнул мохнатки ей в лицо.

— А вот не буду! Не хочу и не буду! — сварливо закричала она и снова кинула мохнатки обратно.

Так и летали полотенца между Энвером и Ниной, покуда их не перехватила Аглая.

И такою сварливостью закипела вся Солнечная. Даже Зюка поссорился со своим другом Цыбулей из-за пустяка, из-за мелочи, из-за простой ньюфаундлендской марки. Оба лежали надутые и посматривали друг на дружку, как враги.

Расхлябалась дисциплина на Солнечной.

Всем как-то сразу наскучило лежать неподвижно, все стали жаловаться, что им неудобно, стали выискивать новые позы, а один из самых терпеливых и примерных ребят, девятилетний Кирюша Корытников, вдруг ночью ни с того, ни с сего изловчился отстегнуть все застежки, которыми был прикреплен, и, брякнувшись головой и плечами на жесткую гальку, повис на одной ноге. Мудрено ли, что его больному бедру стало хуже?

Вообще с упадком дисциплины ребята стали сильнее хворать, у многих поднялась температура.

Молчанку проводили кое-как. Пересмеивались, ёрзали, шушукались, отмахивались от несуществующих мух — мешали и себе, и друг другу.

Зоя Львовна выбивалась из сил, убеждая ребят утихомириться и взять себя в руки, но они словно с цепи сорвались.

Илько чувствовал себя как рыба в воде. Он научил всю колонию диких выкрикивать бессмысленную песню:

Шаляй, боляй, горилла,
Горилла, горилла!
Не то получишь в рыло!
Да, в рыло! Да, в рыло!
Калёным кулаком!

Этой песне научил его Буба, и они пели ее безостановочно — раз сорок подряд. Песня оказалась прилипчивая: ее сейчас же подхватили в самых дальних углах.

44

— Не песня, а холера какая-то, — говорил Соломон.

И правда, ее напев был такой заразительный, что даже Сережа, которому она была очень гадка, спел ее, забывшись, два-три раза и должен был рукой закрыть себе рот, чтобы не запеть ее снова. Наконец Людмила Петровна не выдержала, захлопнула книгу и заявила, что больше не станет читать:

— Потому что вы сегодня какие-то бешеные!

И сейчас же кто-то из шайки Илька ответил ей тем же напевом:

> Шаляй, боляй, горилла,
> Горилла, горилла!
> Не то получишь в рыло!
> Да, в рыло! Да, в рыло!
> Калёным кулаком!

Как будто кто и в самом деле ударил Людмилу Петровну в лицо кулаком: она взвизгнула и схватилась обеими руками за щеки.

— Я… я… я… — закричала она. — А вы… а вы… а вы…

Да так и не нашла подходящего слова, всхлипнула и побежала прочь.

И не успели ребята опомниться, как вдруг в воздухе мелькнула какая-то железная штучка, не то ключ, не то гвоздь: кто-то из той же колонии диких (не сам ли Илько) кинул вслед убегающей Людмиле Петровне мастирку.

Хорошо еще, что он промахнулся: мастирка угодила в деревянную кружку, стоявшую на бочке возле крана.

Тут все пятьдесят голосов заговорили, загалдели, заахали.

— Кошмар! — завизжала Лена.

— Позор! — закричал Соломон.

4

Слушали — постановили

И в самом деле — разве не позор?

Ведь для того, чтобы эти пятьдесят голышей могли столько лет беззаботно лежать в белоснежных кроватях на берегу южного моря, много тяжелой работы должна была выполнять день и ночь огромная армия тружеников.

Как пассажиры на большом пароходе не замечают работы пароходной команды, так и эти пятьдесят голышей не замечали ежедневной непрерывной работы санитаров, сиделок, сестер, докторов.

Пассажиры спят в своих каютах и видят веселые сны, покуда кочегары, машинисты, матросы надрываются ради них до десятого пота.

Шесть раз в сутки к каждому больному подбегали быстроногие няни и на ослепительно чистой посуде подавали им бульоны, котлеты, борщи, и пирожное, и простоквашу, и землянику, и мед; и сколько огородников, молочниц, поваров, судомоек должны были трудиться с утра до ночи, чтобы няня Клава или няня Аглая могли подавать и подавать на подносах всю эту груду еды какому-нибудь худосочному Ильку!

А так как для лечения туберкулеза нужна раньше всего чистота, то сколько наволок, простынь, полотенец, трусов и салфеток должны были стирать и стирать без конца невидимые прачки в невидимых прачечных!

А санитары! Сколько миль они делали в день, перенося на руках пятьдесят человек то в изолятор, то в уборную, то в ванную, то в перевязочную, то на рентген, то в палату!

А солнечные и морские ванны, а обливания, а градусники!

А мастерская, где изготовляются из желатина и гипса футляры для искривленных позвонков и искалеченных ног!

А сколько ран и натечников должны были промывать, прочищать, перевязывать неутомимые медицинские сестры!

46

А учителя! А инструкторы! В санатории было двенадцать площадок, таких же, как Солнечная, и их обслуживало около сорока педагогов, которые учили ребят и политграмоте, и зоологии, и физике, и переплетному, и столярному делу.

А чтобы дети, лежа, не скучали, всевозможные развлекатели читали им книги, играли для них на гитаре, на мандолине, на скрипке, пели им русские, грузинские, татарские, украинские, армянские песни.

— И все это зря, черту в зубы, — кипятился разъяренный Соломон. — Канителятся, возятся с нами, а мы хулиганим и лодырничаем и колошматим педагогов по мордам.

— Это верно, — сказала Мурышкина Паня. — Я предлагаю, чтоб завтра же…

И она медленно стала излагать ему свои тяжеловесные мысли по поводу последних событий на Солнечной.

Их разговор происходил в перевязочной. Они лежали рядом на «трамвае» и ждали очередь к доктору Демьян Емельянычу. Что сделает с ними доктор, было им совсем неинтересно. О своих болезнях они и думать забыли, до такой степени они были захвачены обсуждением вчерашнего скандала. Даже когда Демьян Емельяныч вынул Панину ногу из шинки, и ее сразу глубоко внутри пронзила знакомая острая боль, Паня только брезгливо поморщилась и ни на миг не прервала своей увесистой речи.

Неподалеку от Пани на операционном столе лежал с размотанными бинтами Энвер, тоже в ожидании очереди, и хмуро вслушивался в каждое слово.

— Все Буба да Буба, Илько да Илько… — говорила она. — А мы тоже хороши, надо прямо сказать…

Так началось историческое совещание звенового актива.

Оно продолжилось в ванной и кончилось у хвостатого дерева уже перед самой молчанкой. К хвостатому дереву сдвинули кровати всех десяти звеновых, и оттуда в течение двух с половиной часов до остальной детворы нередко доносились слова: «подтянуть», «одернуть», «прекратить».

Тотчас же после молчанки звеновые огласили протокол совещания.

Протокол был написан по-взрослому — самим Соломоном:

Слушали:
О ликвидации прорыва на Солнечной.
О хулиганстве Бубы и Илька
Постановили:
Запретить бросание мастирок и чтобы сегодня же к ужину все мастирки были сданы звеновым.

Виновные в хранении и бросании мастирок будут записаны на черную доску.

Вызвать на соревнование ребят Приморской площадки на лучшее лежание в кроватях, на лучшую еду и молчанку.

Объявить себя ударниками по еде и молчанке, чтобы за едой не бузить и не жвачничать, а на молчанке не шушукать и не дрыгаться.

Объявить Ильку двухнедельный бойкот за его хулиганский поступок.

Бубу оставить в изоляторе до Первого мая.

К протоколу было приложено такое воззвание:

«Ребята!
В других корпусах ребята меньше, а дисциплина у них лучше, чем у нас. Нужно подтянуться, ребята, потому что мы очень отстали.

Сейчас у нас идет стройка по всей стране, и страна требует дисциплинированных и квалифицированных людей, а такие бузотеры, как мы ей не нужны».

Вот началась кутерьма! Было работы звонку председателя.
Больше всего взбудоражил ребят суровый декрет о мастирках.

— Ведь мастирка для меня заместо ног! — сердито доказывал Зюка. — Хорошо ходячему: он и туда и сюда... побежал и взял, а ты тут лежишь, как гвоздями прибитый, и кому какая беда, если ты подцепишь какую-нибудь розочку с клумбы, или тряпочку, или коробочку...

Соломон так и кинулся в бой.

— Ах, розочку! Ах, коробочку! Подумайте, какая невинность! А куда, скажите, девалась проволока, которую сложили рабочие возле хвостатого дерева? Они починяли тент и сложили под деревом проволоку. Думают себе: туту безопасно, ребята лежачие, им нипочем не достать. А наутро, здравствуйте, где наша проволока? А проволоки нет ни вершка, всю растаскали мастирщики... И проволоку, и гайки, и кольца...

Зюка покраснел спиной и шеей.

— Это что! — закричала какая-то новенькая из колонии диких. — А вчера нянечка Клавочка несет меня в ванночку, и вдруг ее хлясь по ногам. Она как подскочит, как закричит: аяяй! И головою об столб. Чуть не кинула меня на землю, на камни. Смотрим, а это мастирка, а на конце у нее дохлая ящерка.

— Не надо, не надо мастирок! — дружно закричали звеновые, и каждый, вытащив из под матраца мастирку, с отвращением отшвырнул ее прочь.

Скоро вся площадка запестрела разноцветными нитками, и Нина и другие ходячие еле успевали поднимать их с земли.

Конечно, кое-кто попытался припрятать свою мастрику подальше, но таких было пять или шесть человек, и их живо вывели на чистую воду.

Нитками набили большую коробку, и чего только не было на концах этих ниток: гайки, улитки, камешки, карамельки, оловянные солдатики, гвозди.

Нитки в большинстве был крепкие: их ребята добывали из английских шнурков, которыми прикрепляется парусиновый тент.

Вдруг послышался нищенский голос Илька:

— Золотые мои! Что же вы делаете! Как же я буду жить без мастирки?

Под матрацем у него конфисковали кучу всевозможных мастирок; одна была даже с маленькой гирькой, которую, как утверждали ребята, он будто бы похитил в больничной аптеке.

— Но кто это? Глядите! Глядите!

У самого края площадки растяписто бежала какая-то кургузая женщина — не в белой косынке, а в малиновой шляпе с пером. В руках у нее была медная клетка, в которой сидел попугай.

Попугай громко выкрикивал что-то немецкое. Она шикала на него, чтобы он замолчал, но он не унимался и как раз в ту минуту, когда она приблизилась к хвостатому дереву, весело и звонко сказал ей по-русски:

— Бал-да!

— Да это наша фря, наша Францевна! — в один голос закричали ребята.

И действительно это была Фанни Францевна, навсегда покидавшая Солнечную. По требованию звенового актива ее изгнали из стен санатории за головотяпство и неспособность к работе.

— А попугай у нее и вправду профессор! — сказал Зюка, подмигнув Цыбуле. — Кроет ее на всех языках.

Цыбуля загоготал и захрюкал. Это значило, что они помирились.

5

Ударники

Но что это? Фабрика? Мастерская? Завод?

Пилят, лепят, режут, строгают, малюют, буравят, шьют…

Набрали газетной бумаги, мастерят треугольные шляпы, украшают их лентами, перьями, звездами золотыми, серебряными и, напялив их на свои круглые головы, чувствуют себя нарядными, необыкновенными, новыми.

Это младыши. Их двадцать семь человек. Вот они берутся за ножницы, и из-под ножниц сыплются разноцветной лапшой узкие полоски бумаги.

Эту лапшу передают на другие кровати, и там при помощи клейстера она превращается в кольца — красные, золотые, зеленые, лиловые.

Кольца сыплются дальше — конвейером — к последнему ряду кроватей и там превращаются в длинную цепь.

— Это к Первомаю! — говорят младыши.

Между кроватями ходит с неразлучным своим чемоданчиком Адам Адамыч, молчаливый латыш, инструктор по ручному труду, и на лице у него удивление. В самом деле: что это стало с ребятами? Отчего они сегодня такие чудные? Не сорят обрезками, не брызгают клейстером. Сразу, по первой команде, снимают с себя свои роскошные шляпы и сдают звеновым, а те ходячим, а ходячие в самом стройном порядке, бережно и даже торжественно несут их в стеклянный шкаф. (Есть в палате у Адам Адамыча особенный шкаф, стеклянный, и там складывается все первомайское).

А если кто-нибудь из маленьких забудется и взвизгнет от радости или уронит ножницы, или звякнет жестянкой с клейстером, все взглядывают на него с упреком и ужасом и машут на него руками и шикают. А он краснеет, и по лицу его видно, что он чувствует себя великим преступником.

А старшие? Что сделалось с ними? Адам Адамыч глядит и

не верит глазам. Они сами навалили на себя такую большую работу и дружно выполнили ее в несколько дней.

Шкаф Адам Адамыча уже доверху набит пароходами, цыплятами, мышками, тракторами, грузовиками, слонами, жирафами, изготовленными из картона и бумаги.

Там же хранятся плакаты, которые Первого мая будут висеть на особых щитах над кроватями. Сереже особенно дорог один — тот, на котором написано:

Всегда вперед,
Плечом к плечу,
Идем на смену
Ильичу!

потому что буквы для этого плаката он вырезал сам и наклеивал их вместе с Зюкой.

Оттуда же глядит и Зюкин змей, и блюминг, нарисованный Цыбулей.

Ребята чувствуют себя заговорщиками и каждую минуту переглядываются.

Их страшно занимает этот бой — соревнование с Приморской.

Когда Мише Донцову прописали касторку и он, по обычаю, на первых порах закапризничал, его соседи зашипели на него:

— Или ты забыл, что ты ударник?

И он тотчас же с такой готовностью проглотил свою ложку касторки, будто это лимонад или варенье.

А когда однажды во время молчанки на Сережу напала икота, все глядели на него с ненавистью, как на вредителя.

Напрасно он пытался оправдываться:

— Товарищи — ик! — я ненарочно.

Ему возражали сурово:

— На Приморской, небось, не икают…

Впрочем, приморские явно отставали от солнечных.

Среди приморских были неискоренимые жвачники, то есть

такие вялые и безвольные мямли, которые не умеют быстро справляться с едой, цепенеют над каждой тарелкой.

Несмотря на увещания товарищей, жвачники приморской площадки затягивали каждый обед на 10–12 минут.

Это внушало солнечным чувство самодовольства и гордости.

А приморские, видя себя посрамленными, горячо убеждали жвачников во что бы то стало подтянуться.

Злодеи-жвачники упорно не сдавались.

Тогда на приморской был вывешен агитационный плакат, сочиненный тамошним десятилетним поэтом:

> Поскорее жуй и жуй,
> А иначе ты — буржуй.

Это, конечно, подействовало. Жвачничество сократилось на 48 процентов.

Но поздно: на Солнечной его ликвидировали целой декадой раньше.

Солнечные шли впереди также и по части лежания в постели. На Приморской доктора то и дело твердили:

— Нет, далеко вам до солнечных.

Но все же торжество победителей было неполное. Они знали, что стоит Ильку или Бубе выкинуть какой-нибудь трюк, и вся их победа превратиться в ничто.

Но Илько без мастирки присмирел и затих.

Он попытался было притвориться больным, чтобы его сослали в изолятор, к его милому Бубе, и для этого пустился на хитрость: сунул свой градусник в кружку горячего чая, и ртуть на градуснике подскочила до самого верхнего градуса, и няня с перепугу решила, что он сию минуту умрет, потому что с такими огромными градусами не прожить ни одному человеку.

Но доктор едва только взял его за руку и проверил по часам его пульс, сразу уличил его в мошенничестве:

— Ах ты, маримонда египетская!

После чего Илько окончательно стушевался и съежился.

Как-то вечером, дня через два, он попробовал пропеть

свою «Гориллу», но все выразили такой страстный протест, что он моментально осекся и юркнул в постель, как в нору.

6

Ведра

А Буба?

Покуда ребята шили, пилили, строгали, лепили, кроили, буравили, Буба сонными глазами глядел на них в открытую дверь изолятора и, скучая, зевал во весь рот.

Ничто не занимало его. Он оживал только во время еды.

Все, что приносили ему, он съедал в один миг, не прожевывая, и сейчас же требовал:

— Еще!

Ему давали новую порцию, и он съедал ее еще быстрее, чем первую.

К остальному он был равнодушен. Даже когда Цыбуля вылепил из глины буржуя, в виде жирной хавроньи, сидящей верхом на пушке, и вся Солнечная хохотала неистово, так как буржуй у него вышел очень похож на него самого, на Цыбулю, Буба и не глянул в его сторону.

Впрочем, и ребята не слишком глядели на Бубу.

Их захватила работа. Адам Адамыч принес на площадку небольшие ведра для колхоза, изготовленные в здешней мастерской, и сказал, что их нужно выкрасить в зеленую краску.

Ведер было около сотни, а краска была не простая, эмалевая.

Красить ведра — великое счастье. Вы берете ржавое ведро, некрасивое, в царапинах, в пятнах, проводите зеленою кистью, и оно сейчас же хорошеет, становится молодым и нарядным. Тогда его подбирают ходячие и вешают на длинную палку рядом с другими такими же, и они сверкают на солнце и качаются под ветром, как живые, и запах от них идет замечательный.

«Дай мне хоть три тысячи ведер, я бы красил их и красил без конца!» с увлечением думает Сережа, макая широкую кисть в густую, вкусно пахнущую краску.

Но что это с Бубой? Он как будто впервые проснулся. Жадно глядит на зеленые ведра и, вытянув длинную шею, внюхивается, словно лягавая, в смолистый запах эмалевой краски.

Губы у него шевелятся и шепчут какое-то слово. Наконец он громко и протяжно кричит:

— Цыба-а-рка!

— Чего тебе? — кинулась к нему няня Аглая.

— Цыбарка! Цыбарка!

Аглая не поняла, но на всякий случай рассердилась:

— Как ты смеешь говорить такие слова? Замолчи сейчас же, а то…

И убежала прочь. Она думала, что цыбарка — ругательство.

Буба на минуту притих, но потом завопил опять:

— Цыбарка-а-а!

Сережа схватился за голову. Пропала Солнечная! Осрамилась навеки! Сейчас Буба сделает что-то ужасное — и все соревнование вдребезги.

Зюка объяснил ему шепотом:

— По-нашему, по-украински, цыбарка — ведро.

И в то же время кто-то закричал:

— Ведро!.. Ведро!.. Он просит, чтобы ему дали ведро.

И все заволновались:

— Не давайте!.. Разобьет!.. Поломает!..

Но Адам Адамыч сказал своим бесстрастным и настойчивым голосом:

— Нина! Возьми ведро и отнеси к нему.

Нина замахала костылем:

— Что вы! Что вы! Ни за что! Укусит!

Адам Адамыч медленно открыл чемоданчик, достал оттуда жестянку с эмалевой краской и, подняв с земли одно из некрашеных ведер, спокойно пошел к изолятору. Все смотрели на него, как на смельчака-укротителя, входящего в клетку к удаву.

Буба схватил ведро и сейчас же, словно боясь опоздать, сунул кисть в эмалевую краску и, брызгая, мазнул по ведру. И

56

когда на ведре появилась полоска, такая зеленая, такая пахучая, он засмеялся, или вернее, заржал… И сейчас же оглянулся в испуге: не отнимут ли у него это счастье? И видя, что никто не отнимает, с той быстротою опять окунул свою кисть и опять провел зеленым по рыжему, и опять заржал от удовольствия. И сейчас же окунул ее снова.

— Не брызгай! Не брызгай! Ровнее! Спокойнее!

Но Буба ничего не слышал, и глаза у него были пьяные.

Все с тревогой следили за ним: сейчас он схватит свою зеленую краску и плеснет из жестянки Адам Адамычу в бороду. Но он по-прежнему радостно ржал и наслаждался работой. Понемногу, убедившись, что никто у него ничего не отнимет, он стал действовать гораздо аккуратнее, не суетясь и не брызгая, прилагая все усилия к тому, чтобы мазки были ровные и не оставляли проплешин.

Адам Адамычу это очень понравилось. Он повторял, кивая головой:

— Так-так-так-так-так.

За эту привычку тактакать ребята звали его пулеметом.

— Еще!

И ему дали второе ведро, и он красил с таким же восторгом, и Адам Адамыч снова тактакал над ним.

Ребята смотрели на него и удивлялись.

Но Адам Адамыч не удивлялся нисколько, как будто Буба всегда был такой, и на следующий день, как ни в чем не бывало, дал ему новую работу: склеить транспарант для подшефных колхозных ребят — из картона и разноцветной бумаги.

7

Бубино горе

В этот день случилось большое событие. Вернулась из больницы тетя Варя, желтая, худая, но веселая. Рука у нее была забинтована и висела не белой салфетке. Ребята хором по-военному крикнули ей:

— Здрав!

— Ствуй!

— Те!

«Те» прозвучало у них очень звонко и четко. В санатории считалось особенным шиком возможно звонче выкрикивать «те».

Тетя Варя порывисто кинулась к ним:

— Наконец-то я с вами, голыши мои милые!

И когда они вдоволь нахвастались перед нею своими роскошными бумажными шапками (она заставила их надеть эти шапки) и развернули перед ней все богатства, накопившиеся в стеклянном шкафу, и показали ей Цыбулину хавронью, и рассказали про попугая, про мастирки, про глобус, она спросила:

— А где же Буба?

И они наперебой затараторили, какое с Бубой случилось великое чудо, и она была очень обрадована:

— Видите, я говорила…

И побежала к нему в изолятор полюбоваться его трудолюбием.

Но вдруг всплеснула руками и вскрикнула, потому что этот образец трудолюбия мрачно лежал у себя в постели и с обычным своим сонным и злым выражением лица мял и рвал бумагу на клочки, которую дали ему склеить, словно бумага провинилась перед ним, и он наказал ее за эту вину. Разноцветные обрывки кружились на сквозняке, словно бабочки, и вихрем неслись на площадку. Это все, что осталось от его транспоранта.

А между тем все видели, с какой радостью он принимался с утра за работу. Ржал от удовольствия не хуже вчерашнего, работал с увлечением, не разгибая спины, и вдруг без всякой причины сам изгадил свое рукоделье, смял, изорвал на клочки. Между тем, работа был мудреная: надо было наклеить на картон большие бумажные буквы, чтобы получились слова:

— Да здравствует Первое мая!

Буквы были готовы, — их смастерили другие ребята, оставалось только смазать их клейстером и расположить на картоне. И вот внезапно, ни с того, ни с сего, он рассердился на них и комкает и рвет их с такой бешеной злостью.

— Бубочка! Что ты делаешь? Буба!

Тетя Варя подбежала к нему.

— Что вы мне даете номерей! — закричал он отчаянным голосом. — Обшмалили голову и дают номерей.

— Что такое? Что ты говоришь?

Он повторил еще злее:

— Обшмарили, а потом номерей!

— Каких номерей?

— Откуда я знаю, каких! Голова у меня обшмаленная!

— Обшмалённая?

— Да! — закричал он свирепо. — Дурацкая моя голова.

Солнечные хором засмеялись.

— Они умные. Они регочут. А я…

И изо всей силы ударил себя по голове кулаком, как бы наказывая ее за непригодность для усвоения каких-то «номерей».

Долго билась над ним тетя Варя, и наконец ей удалось разгадать причину его отчаянной злобы. Она вспомнила, что, хотя он был старше всех солнечных (ему шел уже шестнадцатый год), он был совершенно неграмотный.

«Номерями» называл он буквы, и то, что он не знал «номерей», казалось ему непоправимым несчастьем.

Он пылко завидовал тем, кому были доступны «номеря».

Грамотные представлялись ему чем-то вроде враждебного племени, с которым нужно было воевать без пощады.

Себя же он считал безнадежно погибшим, навеки неспособным к учению, так как еще в голодные годы, когда он был в Сибири, в Иркутске, тамошние беспризорные, такие отчаянные, подожгли ему, спящему, волосы, и голова у него с тех пор поглупела — в этом он был твердо уверен. Оттого-то он кричал с такой обидой:

— Обшмарили голову и дают номерей!

Тетя Варя принялась убеждать его, что научиться грамоте — плёвое дело, что нынче даже слепые умеют читать и писать, что она берется научить его в две-три недели.

Он слушал ее кротко и доверчиво, но потом махнул безнадежно рукой:

— Мозги у меня обшмалённые!

Тетя Варя тихо, без улыбки, погладила его по обшмалённой голове, а когда пришел Адам Адамыч, попросила дать ему такую работу, где не требовалось бы никаких «номерей».

— Хорошо, — сказал Адам Адамыч и сунул руку к себе в чемоданчик.

ЧАСТЬ ТРЕТЬЯ

НОВЫЕ БУРИ И РАДОСТИ

1

Первомай

Чего только не было у Адам Адмыча в его чемоданчике: и разноцветная глина, и стеклышки, и маленький самодельный трактор из спичечных коробок и катушек.

— Адам Адамыч, нет ли у вас бумаги серебряной?

— Адам Адамыч, не найдется ли лобзика?

— Адам Адамыч, мне бы открытку с картинкой!

Все, все есть у Адам Адамыча в чудесном его чемоданчике.

Раз как-то пришел на площадку, положил чемоданчик на землю, а оттуда вот этакий краб: вывалился и осторожно и грузно и ползет по дорожке и машет своими зубчатыми ножницами. А Адам Адамыч даже не глядит на него, как будто он тут не при чем.

А третьего дня распахнул чемоданчик и вытащил оттуда большущего кролика, прямо за уши, такого пушистого!

— Адам Адамыч, позвольте погладить!

И сегодня, когда наступил наконец Первомай, не покинул Адам Адамыч своего чемоданчика. Принес с собою и так бережно положил на эстраду, словно было в нем что-то стеклянное.

Хорош Первомай на юге!

Небо как будто нарочно такое густое и синее, чтобы ярче сверкали на нем красные знамена и флаги.

И, как пламя, как маленькое пламя, развевается над каждой кроватью огненно-алый флажок. Ветер раздувает этот веселый пожар, и мнет, и дергает, и рвет на клочки разноцветную бумажную цепь, протянутую над головами ребят.

Там-тара-там-там! Там-тара-там-там! — стучит невдалеке барабан.

Это ходячие приморского корпуса пришли поздравлять своих победителей — солнечных, пришли на костылях, ковыляя, но бодро и лихо, и выстроились по-военному возле эстрады.

А на эстраде и Демьян Емельяныч, и Зоя Львовна, и тетя Варя, и Адам Адаымыч со своим чемоданчиком (что же там такое у него в чемоданчике?), и все они тоже особенные, не такие как в обычные дни. И сделалось тихо, и Цыбуля, да, Цыбуля, привязанный к койке, громко звонит колокольчиком и объявляет заседание открытым.

— Слово принадлежит Соломону.

И Соломон подбегает к эстраде и, быстро размахивая своей крошечной ручкой, без запинки произносит молниеносную речь, как велик этот праздник пролетарского братства и какую грандиозную роль сыграл он в истории трудящихся, — и все хлопают Соломону до боли в ладонях и с такой энергией машут флажками, что кажется, будто у каждого не один флажок, а двадцать пять.

Потом Цыбуля снова достает из-под кровати звонок и начинает звонить, как пожарный, и настает тишина, и тетя Варя садится к роялю, и все поют «Интернационал», если не очень удачно, то во всяком случае с большим удовольствием.

— «...а паразиты никогда!» — убежденно выговаривает Буба.

И в это время на эстраде появляются новые люди, шесть или семь человек, — длиннолицые, бритые все, как один.

Это англичане из Канады, туристы; они приехали к южному морю и вот захотели поглядеть на советских больных.

Когда они шли сюда, они, должно быть, приготовились к очень плачевному зрелищу, потому что походка у них похоронная и на лицах благопристойная грусть.

Но вскоре брови у них поднимаются и глаза круглятся удивлением.

— Неужели эти дети — больные? Так весело сверкают на солнце их зубы. Хоть бы одно лицо, на котором боль или скука. Из всех так и брызжет праздник.

Впрочем, нет, там, в стороне, у самого края площадки, стоит одинокая койка, и на ней какой-то худощавый мальчик не только не поет, не смеется, но скулит, как озябший щенок, и нет у него красного флага, которым он мог бы размахивать, и голова его не украшена бумажной шляпою.

— Болен? Э? — спрашивает один из гостей у Зои Львовны по-немецки и указывает на грустного мальчика.

Зоя Львовна теряется. Она глуховата и плохо понимает немецкую речь.

Но, поняв, начинает усиленно трясти головой.

— Нет, нет! Нет! Здоровее других.

— Отчего же он плачет?

— Оттого, что остался без Первого мая.

— Без чего?

— Без Первого мая... — повторяет Зоя Львовна, и к ней на помощь приходит Демьян Емельяныч и рассказывает гостям про Илька.

— И от этого он плачет?

— Да, от этого.

— О!

Гости удивляются, шепчутся, записывают что-то в какие-то книжки.

Но тут снова раздается звонок, и Цыбуля заявляет громогласно:

— Слово Израиль Мойсеичу!

И не успели ребята опомниться, как откуда-то из-за кустов, из-за хвостатого дерева, появляется Израиль Мойсеич с раздутым портфелем, из которого торчит полотенце, потный, лохматый, усталый, но радостный, и тихим, нисколько не праздничным голосом сообщает, что он сейчас с парохода, что его московские хлопоты увенчались полным успехом, что с завтрашнего дня тут же, рядом, в саду, за Левидовой балкой, начинает строиться — что бы вы думали? — не какая-нибудь мастерская, а самый настоящий институт… институт для физически-дефективных ребят, и что в этом институте…

— Ураа!

И он рассказывает им все по порядку, и они готовы слушать его без конца, но он кашляет, и очень устал, — и снова раздается звонок, и все поют Сережины стихи:

Мы скоро, мы скоро, мы скоро
Покинем больничные койки,
И скоро, и скоро и скоро
Мы станем героями стройки.

А потом, после нового звона, Цыбуля кричит громогласно:

— Слово Адам Адамычу!

И встает Адам Адамыч, и берет чемоданчик (что же там такое у него в чемоданчике?), и поздравляет ребят с их великой победой.

— Партячейке нашей санатории, — говорит он своим иностранным, негнущимся голосом, — было очень отрадно, — да, отрадно, — узнать, что вы общими усилиями подняли дисциплину своего коллектива… Подняли при помощи ударничества и соцсоревнования…

Тут он открывает чемоданчик и глубоко сует туда руку. Что же там такое в его чемоданчике?

— Организаторы этой победы, — продолжает он, — доказали свою стойкость, инициативу и выдержку. И мы решили… — Тут он роется в своем чемоданчике и перебирает какие-то вещи. — Мы решили выделить их в ряды пионеров, тем более что они еще в начале зимы прошли пионерский устав.

Тут он вынимает из своего чемоданчика целый букет ослепительных галстуков.

О, с каким блаженным выражением лица Мурышкина Паня, Цыбуля, Энвер, Соломон и еще двое-трое других надеваю на себя эти почтенные галстуки! Как громко хлопает в ладоши вся Солнечная! И как жалобно хнычет Илько, как он

64

корчится, стонет и охает, словно в животе у него нестерпимая боль!

— Замолчи, холера! — кричит ему Буба и грозит ему своим флажком, как палкой.

— Буба, Буба! — восклицает тетя Варя с упреком.

Койка Бубы стоит теперь рядом с Энверовой, так как Энвер со вчерашнего дня принялся обучать его грамоте, и замечательно, что в последнее время, когда Буба перестал хулиганить, он сделался ярым врагом своего недавнего союзника Илька.

— Грамотный, а гад! — говорит он об Ильке с возмущением. (У него получается «храмотный», «хад».)

Гости глядят на Бубу и спрашивают, кто он такой. Зоя Львовна начинает объяснять, что еще недавно, когда он поступил в санаторию, это был опасный буян и дикарь.

— Он ел зубной порошок… Да, да. Ему дадут коробку, а он съест.

— О! — ужасаются гости.

— Он разбивал градусники… Он кусался, как зверь…

— О! О!

— А теперь…

Но тут раздается такое «ура», какого еще никогда не слыхали на Солнечной. К самой площадке, к хвостатому дереву, подкатили два грузовика, украшенные цветами и флагами, и тотчас же от кровати к кровати побежали силачи-санитары и стали укладывать ребят на машины, и через какие-нибудь десять минут вся Солнечная тронулась в путь.

Это была странная процессия. Кто лежал на спине, кто на брюхе, кто в корсете, кто в гипсе, — но все в бумажных разноцветных шляпах, все с красными флагами, у всех рот до ушей, все счастливые.

Много в тот день проезжало автомобилей, нагруженных детьми, по гудрону Пентапейской дороги, и все они кричали «ура» и махали красными флагами, но солнечные были счастливее всех: они впервые участвовали в первомайской процессии, они везли подарки в Петапейский колхоз — вон сколько ведер! И какие зеленые! — они увидят индюков и телят, и напрасно уговаривает их Демьян Емельяныч, чтобы они хоть на минуту перестали неистовствовать и кричать во все горло «ура».

И самый счастливый из них — несомненно Илько. Его помиловали, взяли с собой, потому что, едва он увидал грузовик, он начал так отчаянно реветь и визжать, так бился головой о койку, что ребята пожалели его.

— Ну, садись… так и быть… ради праздника. Но смотри, чтобы больше не пакостничать…

Он сел, захихикал и забормотал, как старуха:

— Ой, милые, ой, золотые, ой, красавчики…

— Замолчи, зараза! — сказал ему Буба.

2

Свиногород

По дороге не встречалось как будто ничего замечательного, но для ребят, полежавших долгие годы в постели, каждая ворона казалась событием.

— Ящерка! Ящерка!

— Цыпленочки желтенькие!

— Зонтик, зонтик! Тетенька под зонтиком. Зонтик!

Никогда ни в каком музее никакие туристы не рассматривали драгоценных редкостей с таким любопытством, с каким эти вырвавшиеся на волю больные глядели на колючий кустарник, на кудлатых собак, на дымки далеких костров.

— Козочки! Козочки! Козочки! Козочки!

В колхозе они были недолго. Тамошние пионеры угостили их музыкой, изюмом и медом и подарили им ежиков, крохотных, совсем не колючих, — но они приехали сюда не за ежиками и, озираясь, спрашивали:

— А тракторы? Где же тракторы?

Но тракторов не было, — тракторы работали в поле, далеко, за Верблюжей горой, а были невысокие зеленые домики, в которых жили в свое удовольствие две тысячи четыреста сорок удивительно чистых и удивительно жирных свиней.

Оказалось, что Пентапея — колхоз свиноводческий.

Цыбуля захныкал и, выпятив толстые губы, начал мрачно доказывать Зюке, что миллионы (да, миллионы!) самых лучших свиней не могут заменить одного самого худого тракторишки. Зюка, насупившись, кивал головой.

Но из каждого зеленого домика так забавно выглядывали розовые хари поросят, и одна хавронья была так похожа на Францевну, а другая, которую звали Цыганка, так роскошно раскинулась у себя во дворе вместе с десятью цыганятами, прилепившимися к ее щедрым сосцам, и такое сытое, уютное

67

хрюканье стояло над всем этим свиным городом, что ребята очень скоро утешились и сами стали хрюкать на все голоса.

То и вправду был свиной городок. Свиногород. Или лучше: Свинск. В нем были площади, переулки и улицы, в нем был коммунальная кухня, в нем были бани, бассейны, кабинеты врачей, а над калитками сверкали разноцветные вывески, и на этих вывесках было написано: «Цыганка», «Попадья», «Бородач», «Степанида Ивановна», «Марианна», «Купчиха», «Красавица».

И совсем как в настоящем городе, все заборы и здания — в кумачовых плакатах, расписанных очень энергичными лозунгами:

«Нам нужны энтузиасты свиноводства!»

«Свинарей — на почетное место!»

«Свинья — наша скорая помощь!»

«Главная наша машина по производству мяса — свинья!»

Читая эти странные лозунги, ребята поначалу смеялись, но Израиль Мойсеич обозвал их за это балбесами и принялся толковать им, что свиноводство и вправду окажет великую помощь нашей социалистической стройке.

— Нам, — начал он, — от царского времени достались не свиньи, а сухопарые выродки, питавшиеся одними помоями. Нам же нужны вот такие слонихи…

И он указал на Степаниду Ивановну.

— Видите, какая великанша. Каждая такая слониха даст нам вчетверо больше мяса, чем давала наша деревенская хрюшка. С помощью этих английских красавиц мы улучшаем породу наших захудалых свиней. И в самое ближайшее время у нас будут миллионы таких же слоних… И тогда…

Но тут Израиль Мойсеич закашлялся, а ребята завизжали и загикали: к их грузовику подошел огромный невиданный зверь. Это был знаменитый Яшка, породистый боров, отец трехсот двадцати поросят.

Его вывели к ребятам из уединенного домика, стоявшего в стороне от других. У него было простодушное, интеллигентное, самодовольное рыло, похожее на человеческое лицо, с маленькими поросячьими глазками. Кажется, надень ему очки, и он сейчас возьмется за газету. Он стоял перед ребятами и хрюкал рокочущим басом, хрюкал непрерывно, как будто рассказывал какую-то занятную историю. История была очень длинная. Рассказывая ее, он увлекся и должно быть, совершенно забыл, что слушатели не понимают его языка. История была грустная, но слушатели надрывались от смеха. Особенно смешно было то, что у него на обеих щеках висели длинные седые бакенбарды, которые придавали его доброму рылу стариковский солидный вид. Странно было называть его Яшкой: хотелось говорить ему «вы» и величать его по имени-отчеству.

— Яков Иваныч, не хотите ли хлебца?

— Яков Иваныч, приезжайте к нам в гости на Солнечную…

Но он не слушал и с увлечением продолжал свою речь.

Тут подошла тетя Варя и сказала:

— Пора домой.

Ребята закричали: «Нет, нет!», но шофер уже завел машину — и прощай колхоз! Прощайте, зеленые домики! Прощай, Степанида Ивановна! Прощай, глубоко уважаемый Яшка.

Они махали Яшке шляпами, он глядел на них степенно и вежливо и все продолжал говорить, а его седые бакенбарды шевелились от ветра.

Домой возвращались по безлюдной и мягкой дороге, тихие и сонные, но по-прежнему праздничные.

Возвращались не с пустыми руками. В Пентапее их наделили свистульками, кнутиками, камышовыми и глиняными дудками. Леле подарили павлинье перо, Сереже — голубиное яичко, а Бубе — погремушку-таракуцку, сделанную из маленькой тыквы.

Приехав, они сейчас же заснули. А утром, чуть только протерли глаза, стали кормить своих ежиков и вспоминать про говорливого Яшку.

Сережа чувствовал себя очень несчастным, потому что его голубиное яичко разбилось. Он страстно завидовал Бубе, который грохотал своей таракуцкой без умолку.

— Дай, Буба, и мне постучать!

— Не дам, бо раскокаешь! — ответил Буба отрывисто.

И загрохотал еще громче.

3

Змей

Первомай продолжался три дня.

На третий день рано утром явился Адам Адамыч и, не сказав ни слова, вынул из чемоданчика серый пузатый клубок.

И все поняли, что начинается радость.

Адам Адамыч медленно подошел к своему стеклянному шкафу, взял оттуда Зюкиного змея и сразу, без всяких усилий, запустил его так высоко, что через две-три минуты огромный змеище показался маленьким, как почтовая марка.

Солнечные следили за змеем всею сотнею глаз и неистово кричали во все голоса:

— Козыряет! Козыряет! Тяните! Тяните!

— Пошел! Пошел! Давайте ниток! Пошел!

— Уююй! Как высоко! Уююй!

— Пошел! Пошел! Пошел! Пошел!

Змей высоко покачивался на небе и махал от удовольствия разноцветным хвостом.

Внизу под ним было море, полосатое от снежно-белой пены. Он тянулся все выше, к веселому майскому солнцу, и Адам Адамыч сердито смотрел на него, словно не одобряя его поведения.

Но такой уж человек Адам Адамыч: всегда, когда делает ребятам приятное, напускает на себя сердитый вид, как будто совестится своей доброты. И потому они особенно рады, когда он приходит сердитый.

Вот и теперь он сурово поглядел на ребят и сказал им, наморщив лоб, что если они перестанут галдеть, он, пожалуй, даст им на минуту подержать змея за нитку.

Ну и тихо же стало на Солнечной! Замолчали в одну секунду. Подумать только: сейчас они сами, своими руками будут пускать не монаха, а настоящего змея, который залетел так высоко, что даже чайки не могут досягнуть до него. И лицо

Адам Адмыча сделалось еще более сердитым, когда он пошел по рядам, наклоняясь над каждой кроватью, и каждому, каждому, каждому вручал по очереди драгоценную нитку. И тот, кто получал эту нитку, начинал сиять, как самовар, и все смотрели на него, как на счастливого.

И это счастье продолжалось два часа. Никого не пропустил Адам Адамыч. Когда нитка дошла до рук Цыбули, Цыбуля захрюкал, как боров, и хрюкал все время, пока держал ее в своих пухлых руках. А когда нитка дошла до Бубы, Буба так заботливо раззявил свою широкую пасть, что даже Адам Адамыч как будто чуть-чуть улыбнулся, а еще никому не удалось увидеть улыбку на его иностранном лице.

Но сейчас принесут обед. Скорее, скорее, тяните, наматывайте! Змей упирается, рвется из рук, ему явно не хочется возвращаться в тесноту, в духоту, на полку стеклянного шкафа. Он вихляется то влево, то вправо и словно просит, чтобы ему позволили еще полетать, но Адам Адамыч настойчив и тверд, и через десять минут змей уже лежит на земле, и Нина ходячая поднимает его и водворяет в шкафу.

— Уююй, какой большой! — говорят младыши, как будто они думали, что там наверху он и вправду сделался маленьким.

Через несколько дней после праздников наступила такая жара, какой Сережа еще никогда не видал. Ветер прекратился, и Солнечная стала, как раскаленная печь.

Ребята потеряли аппетит, похудели, их мучила жажда, они целыми днями просили напиться. Три раза в день их окачивали холодной морской водой. Спали голые, без простынь, но даже ночь не приносила им прохлады, а тут еще каждый вечер налетали на них москиты (такие мелкие кусливые мошки) и жалили их до утра.

Плохие времена наступили на Солнечной. Все сделались раздражительны, бранились из-за всякого вздора, капризничали и были рады-радехоньки, когда дотянули до осени, которая принесла с собой прохладу и ветер.

4

Рогожное знамя

— Но почему ты плачешь, Илько?

— Буба говорит, что я холера.

Такое повторялось очень часто. Если бы я выдумывал из головы эту повесть, я, может быть, сочинил бы, что Буба сразу, в течение нескольких дней, сделался из отъявленного хулигана комсомольцем. Но я пишу чистую правду и должен сказать, что еще много он доставил хлопот и тете Варе, и Адам Адмычу, и всем своим товарищам солнечным.

Самое трудное было отучить его от тех грубых ругательств, которые, помимо его воли, ежеминутно вылетали у него изо рта. Эти ругательства скоро были подхвачены всеми, и даже маленькие, чуть было поссорятся, сейчас же начинают кричать:

— Ах ты, гадина!

— Ах ты, паскуда!

Прежде самою обидной брань считалось слово «архиерей» (то есть поп), и горе бывало тому, кого назовут архиереем, а теперь, после появления Бубы, стали раздаваться такие слова, которые скорее годились бы для шайки воров. Испортились, огрубели ребята. Тетя Варя приходила в ужас от тех кличек и прозвищ, которые они давали друг другу: Лягавый, Мордастый и т. д.

Что было делать?

Тетя Варя объясняла ребятам, что скверная ругань есть наследие старого быта, что им, будущим коммунистам, создателям новой культуры, нужно во что бы то ни стало победить в себе эти навыки прошлого.

— Ваш корпус считается у нас образцовым, вы — ударники, вы проделали над собою такую большую работу, вы подняли дисциплину всего коллектива, мы гордились, мы хвастались вами, а вы: холера, да холера… да дрянь…

Но эти речи помогали мало. Началась эпидемия ругательств.

Ребята сквернословили во всю и хихикали, если Бубе случалось загнуть какую-нибудь заковыристую ругань.

Были, конечно, и такие, которым это очень не нравилось, но они не умели сплотиться, чтобы дать дружный отпор сквернословам.

А тут, как нарочно, приехала партия новеньких, которые не привыкли еще к дисциплине и привезли с собой грубейшие привычки. На них такие увещания не действовали, и вот Адам Адамыч, тетя Варя и Израиль Мойсевич решили испробовать новое, более надежное средство.

Была торжественно объявлена декада борьбы за оздоровление быта. То звено, которое в течение этого срока больше всех воздержится от хулиганских, ругательных слов, будет записано на красную доску и получит в награду деревянную модель самолета.

А то звено, в котором окажется больше всего закоренелых ругателей, будет записано на черную доску и получит рогожное знамя.

— Вы должны, — сказал Адам Адамыч, — взять друг друга под строгий контроль и каждого, кто скажет какое-нибудь грубое слово, записать вот на этих листках.

И он вынул из своего чемодана большую пачку разноцветных бумажек и каждому дал по одной.

В тот же день на всех столбах появились сочиненные Сережей плакаты:

ПИОНЕРУ НЕ ГОДИТСЯ
СКВЕРНОСЛОВИТЬ И БРАНИТЬСЯ
ПОТОМУ ЧТО ПИОНЕР —
ВСЕМ ТОВАРИЩАМ ПРИМЕР

И закипела работа. Тетю Варю затормошили вопросами:

— Тетя Варя, морда — это руготня или нет?

— А барахло? А балда? А пиявка?

И держали карандаши наготове, и чуть только, например,

Соломон скажет по привычке: «Ух, черт!», сейчас же десятки рук записывают этого «черта» на контрольных листках.

Звено, в котором находился Буба, чувствовало себя очень невесело.

— Ой, не миновать нам рогожки!

Но вначале все шло хорошо. Буба был вообще молчалив, а на этот раз он, очевидно, решился и совсем не говорить ни слова, чтобы как-нибудь нечаянно не выругаться. Только «да» и «нет», «да» и «нет».

Звеновой Энвер приободрился:

— Продержись еще денек, и мы выиграли!

И действительно, в третьем звене, в том самом, где был Соломон, накопилось уже пять «руготней», в девятом — четыре, а в первом, в Энверовом, всего только три, да и то совсем не из-за Бубы.

Буба чувствовал себя молодцом и надувал щеки от важности.

Но, должно быть, ему захотелось еще пуще прославиться, и нежданно-негаданно, уже в последний день соревнования, он, к удивлению всей Солнечной, выступил в роли обличителя других сквернословов, причем предъявил им такие неслыханно строгие требования, что многие от неожиданности разинули рты.

Раньше всего он потребовал, чтобы Цыбулю не называли Цыбулей.

— Потому что Цыбуля — руготня и насмешка.

Напрасно Цыбуля клялся, что ему очень нравится, когда его называют Цыбулей:

— Пожалуйста, называйте и дальше.

Но Буба мотал головой:

— Я грамотный, меня не надуешь.

И, взяв свой зеленый листок, стал покрывать его корявыми каракулями.

Через минуту он уже придирался к Сереже за то, что тот осмелился, по старой привычке, называть доктора Барабан Барабанычем. А когда его привезли в перевязочную, он и доктору не дал пощады. Едва только доктор сказал одной новенькой: «Ну, Чучело-Чумичело, покажи-ка спинозу», Буба поглядел на него угрожающе:

— Ага — Чучело! Ага — Чумичело?

И опять взялся за карандаш и долго выводил на бумаге какие-то зловещие кривули.

Словом, из преступника он стал прокурором. И эта роль ему очень понравилась. Он вошел во вкус и начал придираться ко всем, даже к Леле:

— Ты зачем сказала, что нитки поганые? И что это за слово: «кошмар»?

Всех это тешило. Пускай придирается. Никакого худа в этом нет.

Никто и не предчувствовал той катастрофы, которая готова была разразиться.

Катастрофа разразилась за ужином из-за пустяка, из-за жады-помады. На Солнечной жада-помада — не ругательство, а добродушный упрек. Если ваша соседка по койке не даст вам какой-нибудь тряпочки, вы говорите ей: «у, жада-поамада», и она не думает обижаться на вас. Здесь это слово так же не обидно, как «здравствуйте». И вот за ужином, когда Илько попросил у Аглаи дать ему еще порцию сладкого, и та отказала, потому что он съел уже две, он по древнему обычаю Солнечной пробормотал машинально:

— У, жадина! У, жада-помада!

Она не обратила на это внимания, но Буба почему-то загорелся как спичка.

— Ага, жада! Ага, помада! — сказал он с таким торжеством, как будто удалось уличить Кивсяка в давно скрываемом кровавом преступлении.

Неизвестно, что понимал он под словом «жада-помада», но, должно быть, что-то очень плохое, потому что, когда Илько опять повторил это слово, он покраснел, как взбешенный индюк.

Заметив, что это слово выводит Бубу из себя, и желая еще пуще разжечь его гнев, Илько с видом угнетенной невинности начал бормотать, словно оправдывался:

— Ну, что ж такое, что жада-помада? Ведь она жада-помада и есть.

Тут Буба рассвирепел окончательно и закричал ему в бешенстве:

— Замолчи, ехидна! Замолчи, паразит! Я отучу тебя, подлюга, ругаться. Или ты не знаешь, бродяга собачая, что теперь ругаться запрещается!

— Буба! Буба! — в отчаянии взвизгнул Энвер.

Но Буба отмахнулся от него, как от мухи, и сгоряча прибавил такое ругательство, которое стоило десятка других, и в ту же минуту понял, что все пропало, что он погубил, осрамил, обесчестил и свое звено и себя, и завыл таким отчаянным воем, что даже тетя Варя растерялась и не знала, как успокоить его.

Наконец он замолчал, но ему было так стыдно перед всеми, особенно перед своим звеном и Энвером, что он закрыл ладонями глаза и пролежал до поздней ночи, не шелохнувшись.

Утром у него над постелью повисла ржавая, лохматая рогожа.

Он не сводил с нее глаз, мужественно принимая позор, которым она покрывала его.

Доктор Демьян Емельяныч, увидев ее из окна перевязочной, замахал руками и потребовал яростным шепотом, чтобы «эту гнусную мочалку» убрали сию же минуту.

Педагоги к тому времени и сами увидели, что они хватили через край, и отрядили к Бубиной кровати Зою Львовну снять рогожу и унести ее прочь.

Но Буба и руками и ногами уцепился за это знамя позора и грозно заявил:

— Не отдам!

После недолгой борьбы Зоя Львовна принуждена была сдаться, и знамя осталось у Бубы. Он успокоился только тогда, и когда водрузили его на прежнее место.

Видно, он считал себя важным преступником, и ему хотелось быть наказанным, как запачканному умыться.

5

Цуцик

— А Илькастый... глядите — плачет!

В самом деле, с той минуты, как над Бубой повисла рогожка, Илько начал пошмыгивать носом и в конце концов разревелся.

Всем было ясно, что он чувствовал себя виноватым: ведь это он подначил Бубу выругаться и втянул его в такую беду.

Он плакал по-разному: то тихо, то громко, но Буба даже не взглянул в его сторону.

Зато к вечеру, когда срок наказания кончился, Буба вытащил из-под тюфяка драгоценную свою таракуцку и сказал, обращаясь к Ильку:

— На, поиграй, только смотри, не раскокай.

И все поняли, что на самом деле эти слова означают:

— Давай-ка, Илько, помирился.

Илько посмотрел на него с недоверием: нет ли тут какого подвоха? Но тотчас же догадался, что это всерьез, и захихикал от радости:

— Не бойся, не раскокаю.

И все поняли, что эти слова означают:

— Я очень рад помириться с тобой.

И когда Нина ходячая вручила ему таракуцку, он протянул к ней обе руки с такой жадностью, словно всю жизнь только и ждал той минуты, когда ему удастся прогрохотать таракуцкой.

Грохотал он долго, пока не устал, а потом сказал ни с того, ни с сего:

— Ух, какой я сон сегодня видел!..

И все притихли, улыбаясь и радуясь. Каждому стало ясно, что на Солнечной происходит событие великой исторической важности: примирение двух злейших врагов, прекращение истребительной войны. И каждый старался поддержать разговор, чтобы не дать перемирию заглохнуть.

— Какой же ты видел сон? — спросила Леля с необыкновенным участием.

— Про Цуцика, — ответил Илько.

— Про какого Цуцика? — спросил Соломон.

— Про беленького… — ответил Илько. — Был у нас беленький Цуцик.

— А как его звали? — спросила Мурышкина Паня.

— Да так его и звали: Цуцик, Цуцик…

— А большой он был? — спросил Сережа.

— Да нет… вот такой… ей богу.

В голосе Илька звучало счастье: его простили, ему дали амнистию, и сам Соломон, сам Сережа, сама Паня Мурышкина разговаривают с ним, как с товарищем!

Он так намолчался в последнее время, что теперь болтал за семерых и, рассказав о своем возлюбленном Цуцике, тотчас же начал рассказывать про какую-то необыкновенную клячу Халяву, которая умела читать и писать, а потом про одесских жуликов, а потом про утопленников, а потом про дрессированных блох, и рассказывал такие диковины, что его слушали до самого ужина, и уже никто не кричал ему «цыц», а все просили:

— Расскажи еще!

На следующее утро, когда Адам Адамыч пришел на площадку, он увидел, что койка Илька вся завалена грудой великолепных вещей: тут и Бубина таракуцка, и глобус Энвера, и чьи-то кубики, и чей-то барабан, а Илько сидит среди этих драгоценных сокровищ и, помахивая Лялиным павлиньим пером, щурит глаза, словно кот, которому снится сметана.

Адам Адамычу это очень понравилось. Он закивал головой и принялся по-пулеметному тактакать:

— Так-так-так-так-так-так.

И долго потирал от удовольствия руки все сильней и сильней, словно смазывал их вазелином.

А потом лицо у него стало ужасно сердитое, он сунул руку к себе в чемоданчик и, достав оттуда деревянную модель самолета, торжественно вручил ее седьмому звену, победившему в борьбе за оздоровление быта.

Но седьмое звено состояло из маленьких девочек. Девочки не знали, что им делать со своим самолетом, и им заменили его кукольной посудой и плитой, а самолет подарили Ильку.

Илько так обрадовался, что даже забыл прошептать:

— Ой, милые, ой, золотые, ой брильянтовые!

6

Накануне великих работ

С тех пор эпидемия ругательств почти прекратилась на Солнечной. Цыбуля, конечно, по-прежнему остался Цыбулей, но Илько уж больше не Кивсяк. Эта кличка отклеилась от него. Теперь он называется Цуциком. Такие прозвища, как Пуп и Мордастый, тоже позабыты навеки. Один только Барабан Барабаныч по-прежнему, как ни в чём не бывало, повторяет каждому из своих пациентов:

— Ах ты, Чучело-Чумичело…

— Ах ты, маримонда египетская…

Но тем это очень нравится, и они ни за что не хотели бы, чтобы он называл их иначе.

Буба обуздывает себя, как только может, но порою его все же прорывает, и тогда хоть уши затыкай.

Впрочем, в последнее время это случается все реже и реже.

— Потому я грамотный, — говорит он хвастливо (у него получается: «храмотный») и берет у Энвера глобус и показывает на глобусе Волго-Дон и Турксиб. Показывать на глобусе Волго-Дон и Турксиб кажется ему высшим достижением науки.

Грамотность его покуда небольшая, но и теперь уже ясно, до какой степени он ошибался, называя свои мозги обшмалёнными. Мозги оказались у него не хуже других, и к следующему Первомаю он сам, без всякой помощи, своей рукой смастерил огромный плакат:

Мы — юная смена,
Мы — дети трудящих,
Мы празнуем
Празник труда!

И во всех этих четырех строках у него всего только три

ошибки, да и те какие-то пустяшные. Теперь ему уже не случается плакать, что он совсем не знает «номерей».

И вот однажды приходит на Солнечную Адам Адамыч и, сердито нахмурившись, достает из своего чемоданчика — что бы вы думали? — целую охапку мастирок и заявляет ребятам, что теперь, когда у них дисциплина упрочилась, они могут получить свои мастирки назад.

— Мастирочки родные! Телепушечки!

И Нина ходячая сейчас же подхватывает весь этот ворох и шагает от кровати к кровати: и каждый узнает свою мастирку и приветствует ее самыми нежными возгласами.

А время несется, как поезд. Вот уже и второй Первомай позади, вот и лето прошло, вот и осень, и мало-помалу и Буба, и Паня Мурышкина, и Сережа, и Цыбуля, и Леля начинают друг за дружкой выздоравливать.

Доктор ставит их на ноги и каждому дает костыли. Конечно, лучше бы ходить без костылей, но если без костылей невозможно, то лучше уж на костылях, чем никак.

Впрочем, сразу и на костылях не пойдешь, ноги сильно ослабели от лежания, и вся пятерка на первых порах еле-еле ковыляет по Солнечной.

Дойдут до конца площадки и сейчас же в постель — отдыхать. Лица у всех толстые, загорелые, красные, круглые: раздобрели от здешнего воздуха.

— Ух, какие вы стали буржуи! — говорит им Зоя Львовна и хихикает.

А в августе к Сереже приехала из Москвы его мать и, увидав его на длинном костыльке, сперва заплакала, потом засмеялась. В первые минуты он смущенно молчал, не зная, о чем говорить. Мать показалась ему какой-то чужой… Но вскоре его необыкновенные брови запрыгали быстрей и быстрей, и он затараторил без умолку и про Цуцика, и про таракуцку, и про мастирку, и про борова Яшку, и про соцсоревнование с приморскими. Мать слушала его улыбаясь, но не понимала ни слова. Какая таракуцка? Что за Цуцик? Какие такие приморские?

— Как ты изменился, Серго, — говорила она, не отрывая от

него своих счастливых заплаканных глаз, а он развернул перед нею тетрадь и стал с молниеносной быстротой, захлебываясь и глотая слова, читать ей свои стихотворения подряд и показывать Цыбулины картинки (она так и не поняла, что такое Цыбуля), и на следующий день она снова пришла, и он говорил ей о челюскинцах, о шарикоподшипниках, о стратостатах, о домнах, и она гладила его по загорелой руке и повторяла опять:

— Как же ты переменился, Серго!

А потом спросила его, не хочет ли он ехать домой, и он сконфузился и ничего не ответил, потому что, хотя любил ее нежно и все время тосковал без нее, но он и представить себе не мог, как же это он оторвется от хвостатого дерева, от Израиль Мойсеича, от ветра, от моря, от Энвера, от Зюки — от всего, что составляло теперь главный интерес его жизни.

Впрочем, мама спрашивала его не всерьез: вскоре она заторопилась на поезд, потому что она приезжала всего лишь на несколько дней, и, схватив его стриженную черную голову, стала целовать ее в уши, в нос, в подбородок, в затылок, в глаза мокрыми и ненасытными губами. А потом будто спасаясь от погони, убежала от него без оглядки и оставила целую кучу не нужных ему вещей: кубиков, переснимательных картинок, раскрашенных ракушек, перевязанных ленточками…

Ноги окрепнут нескоро, через месяца два, не раньше, и ребята ждут не дождутся того блаженного дня, чтобы всей оравой, ни минуты не медля, спуститься на своих костылях по отлогой дороге к самому берегу моря, туда, где полуголые каменщики строят для них ФЕЗЕУ, великолепный белоснежный дворец, в котором они будут жить и учиться.

Этого дворца они никогда не видали, но знают о нем решительно всё, до малейшей подробности, потому что Израиль Мойсеич каждый день сообщает им:

— Уже копают фундамент.

— Уже привезли кирпичи.

— Уже выбелили вторую террасу.

— Уже поставили динамо-машину.

— Уже наладили токарные станки…

Илько бурно завидует им, но вчера перевязочной доктор Демьян Емельяныч сообщил ему после долгих выстукиваний, что нога у него тоже как будто идет на поправку и что к октябрьским дням, если ничего не случится, он, пожалуй, тоже попадет вот туда… за Левидову балку.

И показал подбородком в ту сторону, где строится желанный дворец.

Теперь этот дворец уже выстроен. Пусть солнечные подольше поживут и поработают в нем, и тогда я напишу новую книжку, где расскажу об их дальнейших приключениях.

ПАНТЕЛЕЕВ

I

В одной из повестей Пантелеева появляется — на минуту, не дольше атаман Хохряков. Этот хриплый пропойца, бандит проезжает деревней во главе своей разбойничьей шайки. Заметив у какой—то избы городскую миловидную женщину, он обращается к ней с подобострастной учтивостью:

— Пардон. Я очень извиняюсь. Могу я попросить вашей любезности дать мне ковшик холодной воды?

И когда она дает ему пить, благодарит ее столь же галантно:

— О, преогромное мерси!

Бандит, выказывающий себя дамским угодником, — жуткий и в то же время комический образ. Он характеризуется в повести этой единственной фразой. Больше не произносит ни слова. Но в этой фразе он весь, этот бывший ростовский приказчик. Здесь вся его плюгавая наружность и крохотный носик, и пошлые усики, и претенциозная шутовская одежда. Самый стиль его фразы, где исконное русское слово «преогромный» сочетается с французистым «мерси», едко характеризует вульгарность мещанской среды, откуда вынырнул этот галантерейный разбойник.

Так выразителен язык Пантелеева. Человек на минуту промелькнул на странице, произнес мимоходом два слова, и мы видим его с ног до головы.

Вспомним речь молодого буденовца в пантелеевском рассказе «Пакет», такую экспрессивную, что весь человек опять—таки встает перед нами. Это подлинная речь рядового бойца той эпохи, вышедшего из самых глубоких народных низин.

В героев Пантелеева веришь, они ощутимы и зримы

именно потому, что каждый из них говорит своим голосом, своим языком. Речевые характеристики лиц — здесь Пантелеев сильнее всего. Где ни разверни его книги, всюду услышишь по—новому схваченную, свежо воспроизведенную речь во всем разнообразии ее интонаций: речь колхозника, милиционера, врача, солдата, деревенской девчонки, матроса, рабочего.

Пантелеев не щеголяет своим мастерством, пользуется им скромно и сдержанно. Ему так дорога его тема, что та форма, в которую он облекает ее, никогда не прельщает его сама по себе.

Какова же тема Пантелеева?

Мне кажется, что она лучше всего выражается следующей поучительной притчей, которую когда—то, лет тридцать назад, он рассказал для детей.

Две лягушки угодили в горшок со сметаной. Одна из них была безвольная, робкая. Она поплавала немножко в сметане, побарахталась и сказала себе:

«Все равно мне отсюда не вылезти. Что ж я буду напрасно барахтаться!.. Уж лучше я сразу утону!»

Подумала она так, перестала барахтаться — и утонула.

«Нет, братцы, — сказала другая, — утонуть я всегда успею. Это от меня не уйдет. А лучше я еще побарахтаюсь».

И так долго барахталась эта лягушка, что в конце концов жидкая сметана под ее быстрыми лапками превратилась в плотное, твердое масло. Лягушка сбила масло, уселась на нем и спаслась.

Отсюда, конечно, мораль:

— Не умирай раньше смерти! Барахтайся до последней минуты! Помни, что «воля и труд человека дивные дива творят». Вытравляй у себя из души всякую хилость и дряблость.

Этому и учит Пантелеев. Учит восхищаться людьми величайшего упорства и мужества.

Здесь и Леша Михайлов, построивший из снега и льда несколько зенитных батарей для приманки фашистских «стервятников» («Главный инженер»).

И босоногая девчонка, которая с риском для жизни спасает свой город от налета врагов («Ночка»).

И ее сверстник, двенадцатилетний, Матюша,

ленинградский мальчишка, работающий на Неве перевозчиком под дождем снарядов и зенитных осколков («На ялике»).

И многие другие — вплоть до безбоязненной сельской учительницы, которая, пренебрегая опасностью, защищается от вражеских пуль стареньким зонтиком, «да и то, когда уж очень сильно пулять начинают» («Ленька Пантелеев»).

Прославляя отвагу и закаленную волю, Пантелеев не отказывается при этом от самых откровенных поучений и проповедей. Даже в «Индиане Чубатом», где яркая словесная живопись, казалось бы, убедительна сама по себе, Пантелеев то и дело прерывает рассказ, чтобы *лично от себя* сказать читателям, что Индиану надлежало бы поступить так—то и так—то, а он, к сожалению, поступает вот этак — именно по слабости характера. Чубатый — игрушка своих собственных прихотей, безвольный раб своих мальчишеских фантазий и выдумок. И Пантелеев, осуждая его, наглядно показывает, что если бы Чубатый не взял себя в руки, быть бы ему паразитом и неучем.

В рассказе «Первый подвиг» Пантелеев выступает опять— таки как проповедник настойчивой воли. Мальчугану, жаждущему прославиться героическим подвигом, один из знаменитых героев советует:

— Если уж тебе действительно так хочется совершить подвиг, пожалуйста, бросай курить. Для начала будет неплохо.

И автор наставительно внушает читателю: «Если мальчик сегодня сумел побороть в себе эту маленькую страстишку, кто знает, какие высокие подвиги он совершит впереди».

Нравоучительные рассказы у нас не в чести. Читатели, как и дети, не любят нотаций. Самое слово дидактика[1] считается чуть ли не ругательным словом. Принято думать, будто лишь худосочие таланта, лишь скудость изобразительных средств побуждает писателя прибегнуть к дидактике.

Но Пантелеев такой сильный художник, что дидактика ему

---

[1] Дидактика — здесь: нравоучение, проповедь благородных поступков.

не помеха. Напротив. Поучительные фразы, которые у другого писателя звучали бы непростительной фальшью, здесь, в атмосфере его повестей и рассказов, которых уж никто не назовет худосочными, воспринимаются как законные явления стиля. Его моральная проповедь никогда не дошла бы до детских сердец, если бы он не был художником.

Сила и действенность его поучений именно в художественной достоверности его языка. Не будь у его персонажей такой типической, выразительной речи, верно отражающей их быт, их профессию, их индивидуальные качества, эти люди стали бы отвлеченными схемами, без сердцебиения, без плоти и крови.

II

Биография Алексея Ивановича Пантелеева очень ярка и эффектна. В детстве он был беспризорником, похищал и электролампочки, и арбузы, и валенки. Если попадался, его били. Потом его отдали в школу для малолетних правонарушителей.

После чего семнадцатилетним юнцом он написал вместе со своим сверстником Григорием Белых талантливую и очень громкую книгу, которая была встречена бурными хвалами и спорами. Вскоре она вышла за рубежом в переводах на французский, голландский, японский и несколько других языков.

Книга называлась «Республика Шкид». Она была воспринята как некое литературное чудо: вчерашние «шпаргонцы» и «шкеты» создали подлинное произведение искусства, в котором чувствуется не только талант, но и мастерство, и культурность, и вкус!

Сам Пантелеев впоследствии, вспоминая свою юность, говорил о «Республике Шкид»:

«Книгу писали два мальчика, только что покинувшие стены детского дома…», «главное, а может быть, и единственное достоинство повести — ее непосредственность, живость, жизненная достоверность».

С этим я никак не могу согласиться. Право же, у «Республики Шкид» есть немало других достоинств.

В этой первой книге двух неопытных «мальчиков» меня больше всего поражает их литературная опытность, их дотошное знание писательской техники.

Повесть написана очень умело, весь сюжет разыгран как по нотам. Каждая сцена эффектна, каждая ситуация разработана наиболее выигрышно, доведена до самого яркого блеска. Каждый персонаж очерчен в книге такими сильными и меткими штрихами, какие доступны лишь зрелым художникам.

Нет, не подмастерьями написана «Республика Шкид», но

мастерами, умельцами. Период ученичества был у них далеко позади, когда они взялись за перо для изображения этой милой республики.

Откуда у «мальчиков, только что покинувших стены детского дома», такая крепкая литературная хватка, словно «Республика Шкид» для них не первая проба пера, а по крайней мере десятая или, скажем, пятнадцатая?

Теперь из повести «Ленька Пантелеев» мы знаем, что так оно и было в действительности. Чего только не писал этот необыкновенный мальчишка: и статьи для самодельных журналов, и стихи, и драмы, и памфлеты, и частушки, и сатиры, и повести. Перепробовал все стили и жанры. Ему не было, кажется, двенадцати лет, когда он создал длиннейшую поэму «Черный ворон» и многоголосую оперу из жизни донского казачества. Незадолго до этого им был сочинен обширный цикл авантюрных рассказов и целый роман о разбойниках, цыганах, пиратах под завлекательным заглавием «Кинжал спасения».

Белых тоже не был начинающим автором. Вспомним хотя бы бойкий еженедельник «Комар», издававшийся им еще на школьной скамье.

Так что, когда эти «мальчики», только что вышедшие из детского дома, принялись за сочинение «Республики Шкид», у них уже был за плечами солидный писательский стаж, особенно у «Леньки» Пантелеева.

Столь же необычайна была начитанность «Леньки». Почти вся Шкида питала сильное пристрастие к книгам, но Ленька и здесь оказался феноменом. Судя по его автобиографической повести, он успел к семилетнему возрасту проглотить и Фенимора Купера, и Эдгара По, и Марка Твена, и Диккенса, и Писемского, и Леонида Андреева!

Привычка к запойному глотанию книг не заслоняла от Пантелеева реальных событий окружающей жизни. Ко времени написания этой блистательной книги он, коренной ленинградец, успел побывать и в Уфе, и в Казани, и в Курске и в Мензелинске, и в Пьяном Бору, и в Ярославле (где пережил ярославский мятеж), и в Белгороде, и во многих других городах. А также в той прикамской сельскохозяйственной школе, где его учили воровать, так как «ферма», куда он пришел учиться, оказалась самым настоящим разбойничьим вертепом, во главе которого стоял атаман — бородатый директор.

Иному маститому писателю до самого конца его дней не удастся накопить столько житейского опыта, испытать столько живых впечатлений, собрать столько наблюдений и сведений, сколько выпало на долю невзрослому «Леньке», когда он приступал (вместе с Григорием Белых) к созданию своей юношеской повести. Да и Григорий Белых по части житейского опыта был нисколько не беднее его[2].

Конечно, таким же преждевременным опытом обладали сотни тысяч беспризорных детей, бродивших по бескрайним просторам тогдашней России и переполнявших сверх меры всевозможные колонии, лагеря и приюты. Однако среди них не нашлось никого, кто написал бы «Республику Шкид».

Потому что одного житейского опыта было бы здесь недостаточно. Нужно было, чтобы доподлинное знание жизни, всех ее обид, передряг и тревог сочеталось у этих юных писателей с богатой начитанностью, с тем сознательным стремлением к художественному «складу и ладу», которое всякому автору дается не только инстинктом таланта, но и долгим общением с книгами.

Именно «склад и лад» этой повести обеспечили ей долгую жизнь в потомстве. Композиция ее безупречна. С геометрической правильностью распределены все ее эпизоды и сцены в порядке нарастания эмоций. На первых страницах представлены — не в застывших позах, а в движении, в бурной динамике — портреты наиболее примечательных шкидцев: Воробышка («в роли убийцы»), Кольки Цыгана, Янкеля, а заодно их бессмертного вождя Викниксора, — после чего по всем правилам повествовательной техники очень аппетитно и

---

[2] См. книгу Г.Белых «Дом веселых нищих», впервые вышедшую в 1930 году и переизданную в 1965-м. Здесь этот незаурядный писатель рассказал свою многотрудную жизнь, богатую большими событиями.

вкусно рассказан первый драматический эпизод в истории шкидской республики: похищение пачек табаку из квартиры простеца эконома. Все происходит как будто под сильнейшим театральным прожектором. Что ни страница, то новый азарт. Особенно эффектна в этой главе (благодаря неожиданности) ее концовка: разъяренный начальник, узнавший о преступлении шкидцев, творит над ними суд и расправу.

— Ребята, — говорит он угрожающим голосом, — на педагогическом совете мы разобрали ваш поступок. Поступок скверный, низкий, мерзкий… И мы решили…

У шкидцев занялся дух. Наступила такая тяжелая тишина, что казалось, упади на пол спичка, она произвела бы грохот.

— Мы решили, — продолжает разгневанный ментор и делает томительную паузу. — …Мы решили, мы решили… не наказывать вас совсем!

Все потрясены, очарованы, счастливы. «Кто-то всхлипнул под наплывом чувств, кто-то повторил этот всхлип, и вдруг все заплакали». Заплакал и сам Викниксор.

После всей этой искусно театрализованной сцены следует долгий антракт новые портреты обитателей Шкиды: Японца, Горбушки, Мамочки, представленные опять-таки в динамике, в действии, а также портреты халдеев, сопровождаемые новым азартным событием — бешеной войной сплоченных шкидцев из-за любимого халдея Пал Ваныча. И после нового большого портрета, написанного такими же звонкими красками, новая эффектная катастрофа — «Пожар». И такое до самой последней главы.

Вот почему в этой повести нет ни одной дряблой или бесцветной страницы. В каждой новой главе новая фабула, новый закругленный сюжет, рассказанный с неизменным азартом и зачастую уморительно-смешной.

Ибо, говоря о достоинствах «Республики Шкид», необходимо указать и на это: она написана веселым пером. Японец, Горбушка, Купец, халдеи (самый забавный из них племянник Айвазовского) и многие другие персонажи — это артистически выполненные шаржи, карикатуры, гротески.

Даже та сентиментальная сцена, в которой изображается,

как бузотеры все поголовно заплакали, когда Викниксор объявил им амнистию, даже она была тут же осмеяна: авторы издевательски назвали ее «Мокрая идиллия» и тем лишили ее оттенка слащавости.

Вся повесть проникнута той мальчишески—острой насмешливостью, тем юмором удали, озорства и задора, который был заметной чертой в душевном облике тогдашних беспризорников.

Этот юмор характеризуется словами: «море по колено», «черт не брат». При всей серьезности своего содержания, книга о республике Шкид вся искрится молодыми улыбками, о чем можно судить даже по названиям отдельных ее эпизодов: «Ищейка из ячейки», «Наркомбуз», «Четыре сбоку, ваших нет», «Гришка достукался», «Монашенка в штанах», «Часы оне механизмус» и так далее.

III

Вообще у Пантелеева талант юмориста. Его юмором окрашены не только «Республика Шкид», но и «Часы», и «Пакет», и «Последние халдеи», и «Буква «ты»», и «Карлушкин фокус», и автобиографическая повесть о «Леньке».

Посмотрели бы вы, как ведут себя дети, когда я читаю им знаменитый «Пакет». Каждое новое приключение отчаянно храброго буденовца Пети Трофимова они встречают даже не смехом, а хохотом. Между тем сами по себе эти приключения не забавны нисколько: это смелые подвиги лихого бойца, одушевленного незыблемой верой в святую правоту того дела, за которое он в любую минуту готов умереть. Чем же объяснить этот хохот?

По—моему, раньше всего он объясняется тем, что простодушный герой считает все свои геройства пустяковыми и о каждом из них повествует как о комическом случае, не стоящем серьезного внимания.

Даже когда его ведут на расстрел и он делает последние шаги перед смертью, он и тут подменяет трагедию — комедией.

«Да, Петя Трофимов, — говорит он себе, — жизнь твоя кончается. Последние шаги делаешь… И между прочим, эти последние шаги — ужасные шаги…»

Читатели готовы нахмуриться. Им начинает казаться, будто речь идет о предсмертной тоске. И с радостным облегчением они узнают, что не мысль о смерти огорчает героя, а сущая безделица, не идущая ни в какое сравнение с расстрелом:

«Мозоли мои, товарищи, окончательно спятили. Прямо кусаются мозоли. Прямо как будто клещами давят. Ох, до чего тяжело идти!»

Такая подмена предсмертного ужаса забавной жалобой на тесную обувь повторяется несколько раз на протяжении рассказа:

«Да, думаю, Петечка, мозолям твоим уж недолго осталось ныть».

И снова:

«Разрешите мне перед смертью переобуться. Невозможно мозоли жмут».

Всякое новое упоминание о злополучных мозолях вызывает в слушателях новую радость, ибо эти мозоли всякий раз возникают как успокоительный и даже веселый контраст с теми кровавыми ужасами, которые обрушиваются один за другим на героя.

Забавна центральная сцена рассказа, где изображается, как Петя Трофимов, очутившись в плену, глотает драгоценный пакет, чтобы тот не достался врагам, и вдруг у него изо рта вываливается какой—то красный комок.

«— Эй, — говорит офицер, — что это у него там изо рта выпало?»

Ему рапортуют:

«— Язык, ваше благородие…»

«Поглядел я на пол и вижу: да, в самом деле лежит на полу язык. Обыкновенный такой, красненький, мокренький валяется на полу язычишко. И муха на нем сидит».

Откусить свой собственный язык! Остаться на всю жизнь немым!

Читатель снова готов огорчиться. И снова трагедия оборачивается веселой комедией. Оказывается, этот «красненький и мокренький» комок совсем не язычишко, а сургуч от пакета, разжеванного Петей Трофимовым.

«Так это же, думаю, не язык. Это — сургуч. Понимаете? Это сургучовая печать товарища Заварухина. Комиссара нашего… Фу, как смешно мне стало».

По такой схеме построена вся эта повесть, по схеме приключенческой сказки: длинная цепь непреодолимых препятствий, которые, к радости малолетних читателей, всякий раз преодолеваются непобедимым героем. Казалось бы, ему вот—вот погибнуть, но в последнюю секунду к нему неожиданно приходит спасение, и он, как ни в чем не бывало, снова счастлив и снова смеется. «Фу, как смешно мне стало».

Но схема рассказа так и осталась бы схемой, если бы она не

была оснащена богатыми словесно—речевыми ресурсами, придающими ей достоверность. Благодаря художественному воссозданию типической речи рядового бойца Конармии его монолог о пережитых им злоключениях и радостях приобретает убедительность исторической правды. Монолог этот, как и «Республика Шкид», обильно насыщен юмором, в основе которого опять—таки глубоко серьезная тема.

Нужно быть глухим, чтобы не слышать, какое нежное уважение питает Пантелеев к герою «Пакета» — к душевной его чистоте, к его удали, к его безмерной преданности правому делу. Это не мешает писателю с самой веселой улыбкой воспроизводить своеобразную речь молодого бойца, полную забавных оборотов и слов. «В садах повсюду фрукты цвели», «Я стою. Мокрый. Весь капаю», «Иду по направлению носа», «Ты, говорю, гоголь—моголь», «Дать ему, что ли, пакет на аллаха?», «Чего же в нем заболело?» — «А в нем, говорит, зуб заболел», «Позвольте вам познакомить моего друга» и так далее.

Конечно, было бы значительно легче заставить Петю Трофимова изъясняться пресным языком, без изюминки. Но если бы Пантелеев освободил себя от всяких забот о художественном воспроизведении подлинной речи Трофимова, он отказался бы от своего мастерства. Образ его героя утратил бы жизненность, и перед нами возникла бы пустая абстракция, которую невозможно любить.

Именно этого и требовали от писателя тогдашние рецензенты и критики. Им хотелось, чтобы выводимый в наших повестях и рассказах советский человек первых лет революции был изображаем как благонравный и благовоспитанный юноша с академически правильной речью.

Между тем Петя Трофимов живет перед нами именно благодаря своей простонародной, живописной, выразительной речи, очень далекой от школьной грамматики. Вся его фразеология отражает в себе ранний этап речевого развития масс, относящийся к первым годам революции, когда городская культура принесла в отсталую деревню множество новых понятий и слов, освоение которых далось деревенскому человеку не сразу. Оттого—то у Трофимова, с одной стороны, «журиться» и «вдарить», а с другой «героический момент», «точка зрения», «экстренный».

Эту трогательную речевую нескладицу только что пробуждавшихся к культуре людей отметили в своих произведениях с дружественным юмором ранний Шолохов, Зощенко, Бабель, Исаковский, Твардовский — и с ними заодно Пантелеев. Уже один образ Василия Теркина свидетельствует, что героика и юмор вполне совместимы и что бывают случаи, когда наше восхищение подвигами становится благодаря юмору еще задушевнее.

«Пакет» написан в форме сказа. Это значит, что его нельзя читать глазами. Нужно — вслух. И только тогда станет ясно, как тщательна была работа автора над звучанием речи героя и как удачливо было его мастерство.

Так же блещет своей словесной фактурой другой знаменитый рассказ Пантелеева «Часы». Здесь вершина его раннего творчества. И здесь вся сила повествования — в его языке. Как другие владеют французским языком или греческим, так Пантелеев в совершенстве владеет живописным жаргоном улицы двадцатых годов. Жаргон этот был стихийно создан беспризорными детьми и подростками, прошедшими сквозь воровские притоны, барахолки, ночлежки, комендатуры, отделения милиции и так далее.

Пантелеев взял на вооружение этот презираемый всеми жаргон и с большим художественным тактом ввел его в узорчатую ткань повествования, слегка окрашенного тем же жаргоном. И опять получился сказ, вся прелесть которого в выразительности живых интонаций. Этот рассказ фонетический. Поэтому «Часы», как и «Пакет», необходимо читать вслух, а не только глазами. В нем есть своеобразная музыка, мерный ритмический строй. Для этого ритмического строя типичны такие, например, близкие к дактилю построения фраз:

«И лошадиная морда врезалась в Петькин затылок».

«Петькино счастье — успел отскочить. А не то раздавил бы его...»

«Что? — говорит. — Повтори! Как ты сказал? Поразительный?»

Впервые на тенденцию к гекзаметру в рассказе «Часы» указал поэт Заболоцкий (см. 7—ю главу воспоминаний Пантелеева «Маршак в Ленинграде»).

Конечно, этот дактиль в «Часах» ненавязчив. В чистом виде он почти не встречается здесь, но потенциально присутствует на всем протяжении текста, причем его каданс то усиливается, то слабеет, отчего проза все же не переходит в стихи.

Как и в «Пакете», юмор ситуаций сочетается здесь с юмором словесно—речевым, что и сближает Пантелеева с такими мастерами этих двух разновидностей юмора, как Бабель, Зощенко, Ильф и Петров.

IV

Творчество Пантелеева крепко спаяно с нашей эпохой. Революция отражена в его автобиографической повести «Ленька Пантелеев». Гражданская война — в его «Пакете». Период нэпа — в «Часах». Отечественная война и главным образом ленинградская блокада дали ему обширный материал для его излюбленной темы: красота и моральное величие мужества. Иным маловерам, пожалуй, покажется, будто Пантелеев выдумал свои «Рассказы о подвиге», будто он изобразил фантастические, невероятные случаи, которые и выдает за реальные факты.

Все эти случаи действительно на грани фантастики, но не нам, пережившим всенародную войну, сомневаться в их истинности, так как нам посчастливилось видеть своими глазами, сколько детей было наэлектризовано героическим патриотизмом в те дни.

Повторяю: только благодаря мастерству Пантелеева в воссоздании живого языка персонажей многие сюжеты, которые сами по себе, в голом виде кажутся далекими от реальной действительности, воспринимаются читателями как вполне достоверные.

И это не только в цикле его рассказов о детях, но и во многих других вещах, где он изображает эпизоды, которые сами по себе, вне художественного их оформления, показались бы беллетристической выдумкой.

К числу таких эпизодов принадлежит, например, тот великодушный порыв, о котором повествует Пантелеев в автобиографической повести. Человек, увидев полуголого нищего, дрожащего на улице от холода, сбрасывает с себя теплую бекешу и отдает ее нищему, а сам остается без всякой защиты от пронзительных петербургских ветров. Редкий, исключительный случай, который даже трудно представить себе на фоне обыденной действительности.

Под пером Пантелеева даже такой случай приобрел

достоверность реального факта. Это произошло оттого, что верно схваченный диалог нищего и его благодетеля звучит убедительно, натурально и жизненно.

Вот этот любопытный диалог, художественное правдоподобие которого усугубляется тем обстоятельством, что благодетель, совершая свой подвиг любви, не произносит при этом ни единого доброго, ласкового или сентиментального слова, а, напротив, прикрывает свое благодеяние грубостью:

«— Подай копеечку, ваше сыкородие, — щелкая зубами, проговорил он (нищий. — К.Ч.), почему—то улыбаясь.

Иван Адрианович посмотрел на молодое, распухшее и посиневшее лицо и сердито сказал:

— Работать надо. Молод еще христарадничать.

— Я, барин, от работы не бегу, — усмехнулся парень. — Ты дай мне работу.

— Фабричный?

— Каталь я... У Громовых последнюю баржу раскатали. Кончилась наша работа.

Ленька стоял рядом с отцом и с ужасом смотрел на совершенно лиловые босые ноги этого человека, которые, ни на минуту не останавливаясь, приплясывали на чистом белом снегу.

— Сапоги пропил? — спросил отец.

— Пропил, — улыбнулся парень. — Согреться хотел.

— Ну и дурак. В Обуховскую попадешь, там тебя согреют — в покойницкой.

Парень все еще стоял рядом. Иван Адрианович сунул руку в карман. Там оказалась одна мелочь. Он отдал ее всю парню и пошел. Потом остановился, оглянулся. Парень стоял на том же месте, считал на ладони деньги. Голые плечи его страшно дергались.

— Эй ты, сыр голландский! — окликнул его Иван Адрианович.

Парень несмело подошел.

— На, подержи, — приказал Иван Адрианович, протягивая Леньке черный клеенчатый саквояж. Потом расстегнул свою новенькую синюю бекешу, скинул ее с себя и набросил на голые плечи безработного.

— Барин… шутишь! — воскликнул тот.

— Ладно, иди, — сердито сказал Иван Адрианович. — Пропьешь — дураком будешь. А впрочем, — твое дело.

Вот какая победоносная сила таится в языке Пантелеева. Стоило ему со своей обычной умелостью воспроизвести перед нами живые голоса персонажей, эти голоса зазвучали у него так естественно, что и самое событие стало казаться естественным, словно мы присутствуем при нем.

То же происходит и с другими «немыслимыми», «невозможными», «фантастическими» случаями, изображаемыми в книгах Пантелеева. Они приобретают подобие подлинных фактов, едва только зазвучат голоса тех людей, поступки которых могут показаться придуманными, если их изложить без того артистизма, с каким их излагает Пантелеев.

V

До сих пор я говорил главным образом о первом периоде его творческой жизни. Теперь этот период позади. Теперь Пантелеев явился читателям в новом обличий, с новой тематикой, с новой манерой.

Прежний Пантелеев в качестве писателя для детей и подростков изображал главным образом *несложных, элементарных людей*. Как бы ни были различны их биографии, поступки, характеры, каждый из них был *либо положительным, либо отрицательным типом, написанным либо темными, либо светлыми красками, причем в большинстве это были люди из социальных низов*. Далекие от интеллигентского быта, эти люди изъяснялись либо на уличном, блатном языке, либо на просторечии современной деревни. Здесь, в этой области, Пантелеев, как мы только что видели, создал прочные произведения искусства, вошедшие, как выражаются нынче, в золотой фонд нашей детской словесности.

Но вот появились его новые вещи — мемуарные очерки о Горьком, о Маршаке, о Евгении Шварце, о Тырсе. Другой голос, другая лексика, другой Пантелеев. Вместо простонародных жаргонов — изящная речь образованного человека, привыкшего с давних времен жить в атмосфере идейных исканий, впитывать впечатления большого искусства и водить дружбу с людьми высочайшей культуры. Главное, чем хороши эти очерки, они глубоко проникают в очень сложную психику очень непростых, многогранных людей. Такими были и Шварц, и Маршак. Я хорошо знал обоих и, читая о них на страницах пантелеевской книги, не переставал удивляться интеллектуальной зоркости автора «Часов» и «Карлушкина фокуса».

Здесь каждый портрет многокрасочный, в каждом смешаны разнообразные краски. Здесь вся ставка на проникновение в сложную психику сложных людей.

К этому Пантелеева тянуло давно, еще до того, как он сделался «взрослым» писателем.

Еще в «Республике Шкид» он попробовал дать многокрасочный портрет Викниксора, которого он наделил, казалось бы, несовместимыми качествами: Викниксор и трогателен, и смешноват, и талантлив, и жалок. Но в детском восприятии этот образ оказался, конечно, упрощенным. Судя по читательским откликам школьников, они заметили в Викниксоре лишь одно его качество: мягкость души, доброту.

Второй многокрасочный образ дан Пантелеевым в его последней повести «Ленька Пантелеев». Эта повесть представляется мне своеобразным мостом между его детскими вещами и взрослыми.

Здесь уже в первой главе изображен сложнейший человек — отец героя. Это, так сказать, апофеоз человеческой сложности. Зло и добро так причудливо совмещаются в нем, что его одновременно и ненавидишь и любишь. Порывы нежности сочетаются в нем с самодурством и диким невежеством.

В прошлом боевой офицер, прославившийся отчаянно храбрыми подвигами, неподкупно—прямой, расточительно—щедрый, он, уже выйдя в отставку, был способен — мы видели — сбросить с себя новое пальто и подарить его первому встречному. Его великодушие в иные минуты буквально не имело границ.

Но «при всем при том» он горький пьяница, необузданный домашний тиран, мракобес, исковеркавший жизнь жены и детей. Увидев, что жена увлекается чтением, он хватает ее книги и выбрасывает их за окно.

Как совместить его доблести с его пороками и дикими выходками? Считать ли его положительным или отрицательным типом? Самые эти вопросы кажутся праздными перед лицом человека, изображение которого полно такой реалистической правды. В повести Пантелеева он — одна из самых живописных фигур, и хотя он появляется только в первой главе, мы, прочитав эту повесть, раньше всего вспоминаем его отлично написанный образ.

(Здесь хочется хотя бы в скобках сказать о художественной прелести всей этой первой главы, посвященной раннему детству героя. О том, что по своей умной и обаятельной живописи глава эта впервые обнаружила в Пантелееве новые возможности, новые силы — те, что значительно позже раскрылись в его «взрослых» вещах. Эту первую главу безбоязненно можно поставить в один ряд с теми изображениями детства, которыми по праву гордится старая и новая наша словесность.)

В этой повести снова выявлена заветная тема Пантелеева: какими путями приобретает моральную стойкость расхлябанный мальчишка двадцатых годов, эта жертва гражданской войны, разрухи, голода, холода, тифа, нужды, беспризорности.

VI

Пантелеев в своих воспоминаниях о Маршаке, между прочим, рассказывает, что, слушая те стихи, которыми при первой же встрече «оглушил» его новый знакомый, он ощутил то же самое, что, вероятно, должен был ощутить человек, не знавший до сих пор ничего, кроме мандолины или банджо, и которого вдруг посадили бы слушать Баха да еще перед самым органом.

Этим он точно определил ту задачу, которая стояла перед ним, когда он взял в руки перо, чтобы воссоздать в своей памяти многосложный и пленительный образ своего знаменитого друга.

Маршак, читающий любимые стихи, — это был и вправду орган, торжественно исполняющий Баха. Маршак вне стихов был немыслим. Произносить любимые стихотворения вслух было для него такой же потребностью, как, например, дышать или есть. Вряд ли был в его жизни хоть единственный день, когда он не читал бы кому—нибудь французских, русских, английских, немецких поэтов. Я не помню встречи с ним, которая не завершалась бы восторженным чтением стихов. Он как бы очищался ими от всякой житейской пошлости. Бывало, после какого—нибудь заседания или невольной беседы с тусклыми и тупыми людьми он шепнет заговорщицки: «Пойдем прочитаем «Анчар». И мы уходили куда—нибудь в угол, и он благоговейно, как молитву, произносил своим хрипловатым, повелительным голосом бессмертные строки, радуясь каждому слову и заражая своим благоговением слушателя. И видно было, что самое существование гениальных стихов примиряло его с неуютностью жизни. Он становился добрее и мягче, усладив свою душу общением с Некрасовым, Фетом, Полонским, Вильямом Блейком, Кольриджем. И слушая его, многие начинали впервые проникаться сознанием, что поэзия — это чудо и таинство.

Это—то и произошло с Пантелеевым.

«Маршак, — пишет он, — открыл мне Пушкина, Тютчева,

Бунина, Хлебникова, Маяковского, англичан, русскую песню и вообще народную поэзию... Будто он снял со всего этого какой—то колпак, какой—то тесный футляр, и вот засверкало, зазвучало, задышало и заговорило то, что до тех пор было для меня лишь черными печатными строчками».

Открыв перед молодым писателем недоступные многим очарования поэзии, научив его находить в ней пристанище от всяких тревог и бед, Маршак не ограничился этим: он сделался наставником и верным товарищем юноши на всех путях и перепутьях его жизни. Потому—то Пантелеев и вспоминает о нем с такой задушевной признательностью. Человек необычайно общительный, Маршак ввел Пантелеева в круг замечательных поэтов, артистов, музыкантов, художников и приобщил его к своей внешне суетливой и суматошливой, но внутренне мудро сосредоточенной творческой жизни. И воспоминания Пантелеева есть, в сущности, благодарственный дифирамб Маршаку.

«Сколько раз, — читаем мы в этой статье, — когда я попадал в беду (а беды ходили за мной по пятам всю жизнь), он бросал все свои дела, забывал о недомогании, об усталости, о возрасте и часами не отходил от телефона, а если телефон не помогал, ехал сам, а если ехать было не на чем — шел пешком, стучался во все двери, ко всем, кто мог помочь, говорил, убеждал, воевал, бился, дрался и не отступал, пока пс добивался победы... Он выхлопатывал персональные пенсии, железнодорожные билеты, дефицитное лекарство, московскую прописку, путевки в санаторий... Не всегда делал он это с улыбкой, иногда морщился, крякал, покусывал большой палец, но все—таки делал...»

И при этом — колоссальная напряженность духовной работы. С восхищением изображает Пантелеев сверхчеловеческую трудоспособность поэта, его необыкновенную память, неистощимость его литературных познаний и сведений. И все же — при всем своем пиетете к этому большому человеку, сыгравшему в его судьбе такую благодатную роль, — он не считает себя вправе умолчать о нескольких противоречивых чертах в его многосложном характере.

Ненависть Пантелеева к лакировке и хрестоматийному глянцу здесь проявилась с особенной силой. Указывая на теневые черты в характере С.Я.Маршака, Пантелеев не только не зачеркивает, но, напротив, делает еще больше рельефными светлые качества его привлекательной личности. Благодаря этому отсутствию «хрестоматийного глянца» еще более веришь тому, что Маршак был человеком огромного таланта и щедрого сердца и что знать его было истинным счастьем.

Это завидное счастье выпало и на мою долю. И потому я могу сказать, что сходство портрета с оригиналом разительное. Самый стиль хлопотливой, раскидистой и в то же время великолепно сосредоточенной жизни С.Я.Маршака передан Пантелеевым с безукоризненной точностью. Записки Пантелеева могут показаться порой клочковатыми, но в этом «беспорядке» есть идеальный порядок, ибо каждый якобы случайный эпизод дает дополнительную горячую краску в том многокрасочном живописном портрете, который удалось написать Пантелееву. В этом портрете представлена не одна какая—нибудь ипостась человека. Здесь дан он весь, так сказать, стереоскопически, в трех измерениях. Нужно ли говорить, что такая объемная живопись доступна лишь искусным мастерам.

Воспоминания Пантелеева о Евгении Шварце есть такое же блестящее достижение искусства. Читаешь их, и опять—таки кажется, будто воспоминания написаны без всякого плана. На самом деле здесь отобраны только такие черты, из которых слагается трагический образ таланта, успевшего лишь незадолго до смерти обнаружить скрытые силы своего дарования.

Я читал воспоминания с грустью, так как я был в числе тех, кто не угадал в неугомонном остряке и балагуре (с которым я встречался одно время почти ежедневно) будущего автора таких замечательных сатир и комедий, как «Обыкновенное чудо», «Тень», «Голый король», «Дракон».

Пантелеев и здесь обнаружил большую интеллектуальную

зоркость, проникнув в тайники этой богатой, но израненной долгим неуспехом и потому скрытной души.

VII

Если оглянуться на все, что написано Пантелеевым за его долгую жизнь, можно заметить, что его произведения в огромном своем большинстве так или иначе изображают его самого. Он — один из основных персонажей своей беллетристики.

И в «Республике Шкид», и в «Последних халдеях», и в «Карлушкином фокусе», и в «Леньке Пантелееве», и в «Воспоминаниях», и в «Ленинградском дневнике», и в путевых заметках — всюду фигурирует он: то на первом, то на третьем плане, то ребенком, то юношей, то пожилым человеком.

Три четверти написанного им — это пестрые осколки его биографии.

Прочтя все его сочинения подряд, вы сведете очень близкое знакомство и с его отцом, и с его матерью, и с друзьями его раннего детства, и с его товарищами по республике Шкид, и со спутниками его писательской жизни.

Теперь в своей последней книге «Наша Маша» он знакомит нас со своей маленькой дочерью. И рядом с нею — хочет он того или нет — мы опять-таки видим его.

Здесь он в своей обычной излюбленной роли — в роли педагога, наставника, жаждущего пробудить в сердцах детей добрые, великодушные чувства.

Эта роль для него не нова. Недаром его первую повесть критика восприняла как трактат о педагогическом опыте, направленном к превращению зловредных детей в добродетельных. Всегдашняя забота Пантелеева, как воспитать и облагородить детей, слышится и в его «Рассказах о детях», и в его «Рассказах о подвиге». С омерзением пишет он в очерке «Настенька» о глупых родителях, которые, потакая капризам своей маленькой дочери, сделали ее черствой и наглой. Такой же морально-педагогический пафос в его нравоучительном очерке «Трус».

Словом, всей своей литературной работой Пантелеев был подготовлен к тому, чтобы написать «Нашу Машу» — этот подробный отчет о педагогических принципах, которыми руководился он изо дня в день при воспитании своей маленькой дочери.

Пантелеев не выдает свою книгу за сборник готовых рецептов по воспитанию детей. На ее страницах он заявляет не раз о допущенных им ошибках и ляпсусах. Но самый ее дух драгоценен. Она заставляет родителей видеть в ребенке «завязь, росток будущего человека», ради счастья которого (и для того, чтобы он доставлял возможно больше счастья другим) взрослые обязаны подчинить его волю суровой дисциплине самоограничения и долга.

Об этом он не раз говорит в своей книге, но, скажу откровенно, мне особенно дороги те записи автора, где он, забывая о строгих предпосылках своей педагогики, предается порывам той нежной, «безрассудной», «безоглядной» отцовской любви, без которой все его догматы были бы, конечно, мертвы и бесплодны. Эта любовь разлита во всей книге.

Родительских дневников в нашей литературе немало. Иные хороши, иные плохи. Но впервые среди них появляется книга, написанная поэтом, художником, многоопытным мастером слова.

Для меня эта книга — автопортрет Пантелеева, и я, старейший из детских писателей, горжусь, что к нашему славному цеху принадлежит такой светлый талант, человек высокого благородства, стойкий и надежный товарищ — Алексей Иванович Пантелеев.

www.ingramcontent.com/pod-product-compliance
Lightning Source LLC
Chambersburg PA
CBHW011507170626
46812CB00008B/3008